JN227287

BUSINESS RESEARCH METHODS OF
PROFESSIONAL CONSULTANTS

外資系コンサルの
リサーチ技法

事象を観察し本質を見抜くスキル

アクセンチュア 製造・流通本部 一般消費財業界グループ 著
宮尾 大志 編著

東洋経済新報社

はじめに

▶ リサーチスキルとは何か？

　読者の皆さんは、「リサーチ」という言葉を、どう捉えているでしょうか。例えば、下記のような状況に置かれた方は多いでしょう。

・「顧客が何を求めているか？」を把握するために「よく顧客の声を聞くべきだ」、というのは理解できるが、何をどうやって調べたらいいかわからない
・「○○業界（○○市場）について整理して報告せよ」と経営陣から求められているが、何をどうやって調べたらいいかわからない
・「他社の取組み事例について研究」する必要があるのだが、何をどうやって調べたらいいかわからない

　いろいろネットで検索してみたり、書籍を購入して読んでみたりするものの、結局うまく整理ができない。そんな経験はないでしょうか。私が駆け出しのコンサルタントのときは、まさにそういう状況でした。それは必要最低限の「調べるワザ」、つまり「リサーチスキル（技法）」が身についていなかったからです。

　リサーチスキルは、ビジネスパーソンにとって重要なスキルです。ビジネスパーソンのスキルを、「『インプット』→『プロセス』→『アウトプット』」の3つに分解して、このことを考えたいと思います（3つのステップは相互に絡み合っていますので、単純に切り分けることは難しいのですが、あえて切り分けて考えてみます）。

まず最終工程「アウトプット」から遡って考えてみましょう。「資料作成」のスキルなどが、「アウトプット」スキルにあたります。ここでは、「いかに思考の結果をわかりやすく、スピーディーに『アウトプット』していくか」が求められます。ビジネスの現場において合意形成／意思決定を円滑に進めるためには、この最後のステップは非常に重要です。

次に、「プロセス」を見てみましょう。このステップで求められるのは「ロジカルシンキング」「クリティカルシンキング」などのスキルであり、これらのスキルを駆使するためには、問題を解決するための頭の使い方や考える技法を磨いておく必要があります。

そして「インプット」のステップ。ここは、「どんな『アウトプット』を出すか？」「何をどうやって考えるか？（＝『プロセス』）」という2つのステップの前提となる情報を集め、調べるステップです。必要な情報を、どう集めて、どう整理して、どう加工して、意味あるものに昇華するか。この「インプット」のステップで問われていることはそういうことであり、この力を高めることが、本書のテーマである「リサーチ」スキルの向上に他なりません。

◤ リサーチスキルとは何か？

では、なぜ今「リサーチ」のスキルを高めなければいけないのでしょうか。

一番大きな理由は、「デジタリゼーション」による環境変化のトレンドです。テクノロジーの非連続な進化により、あらゆるビジネスがデジタルな世界で行われる時代を迎えつつあります。顧客や消費者の動きが大きく変わり、既存のビジネスの前提が大きく覆っています。そのような時代にあっては、常に新しい技術や顧客・消費者の動向にアンテナを張り、顕在ニーズを満たし続け、潜在ニーズを掘り起こし続けなければ、あっという間に競争劣位になってしまいます。そうならないためにも、常に新しいことを「リサーチ」し続け、自社のビジネスに活かすサイクルを自分のものにしなければならないのです。

もう一つの理由は、「グローバリゼーション」です。グローバリゼーションの加速により、企業の競争・注力領域は、これからますます変化し続けることになります。自社にとってのターゲット市場・顧客も大きく変わります。ということは、未だ経験したことのない市場について、どう攻めるかを「リサーチ」し続けなければなりません。

　また、ライバル企業もグローバルレベルで出現してきており、ライバル企業の研究も「見えている」企業だけではなく、「見えない」ライバルをどう捉え、「何を攻略するか」「何を見倣うか」を「リサーチ」しなければなりません。

　さらに、ビジネスの舞台がグローバルに広がる中、不確実性への対処も、これまで以上に正面から取り組まなければなりません。新しいエリア・事業に取り組む際に発生するリスクについて、できる限り極小化するために「リサーチ」し続ける必要があります。

▶ インターネット時代のリサーチの意義

　私たちは、検索という行為によって知りたい情報に瞬時にアクセスできるデジタルな世界にいます。いまや小学生の夏休みの自由研究から大学生の論文まで調べたいことはキーワード検索をすれば数秒で手に入ります。YouTubeには「見つからないカンニングのやり方」まで動画でシェアされる時代です。

　そしてこのことは、ビジネスの現場でも散見される事象です。上司から「調べておいて」と言われて提出したレポートが、インターネット検索の結果をコピー＆ペーストしただけのものに過ぎない。このような、インターネット検索の結果をビジネスの意思決定のインプットにしようとする思考停止病が蔓延しているとも言えます。

　誤解されがちなのですが、リサーチとは、単なる情報収集のことではありません。ビジネスの意思決定を後押しするインサイト（＝洞察）を抽出する行為です。補足すれば、「物事を観察して、その本質や奥底にあるものを見抜くこと」です。

そもそも、たとえインターネットで検索しても、ビジネスにおける意思決定で有意となる情報が一発で入手できることはほぼ皆無です。それでも何とか、断片的な情報を意思決定に寄与する情報にまとめ上げるためには、情報を整理・加工する力が必要となります。競争優位に繋がるインサイトは、普通に調べて出てくるものではありません。インサイトを得るためには、考え続けながら情報を加工していくことが求められるのです。

そして最後に、リサーチした情報の読み解き方（意味合いの抽出）も大事です。この読み解き方には、その人の思考の深さが問われます。リサーチした結果を表層的に理解するのではなく、その背後にある意味合いを考え続けなければなりません。

つまりリサーチは、"考える"作業そのものといえます。何を考えるべきかを考えながらリサーチして、リサーチして得た結果を見てまた考え、また足りないことをリサーチし、その結果の意味合いを考え抜く。これがビジネスの意思決定に繋がるインサイトを抽出することであり、リサーチの本来の価値です。リサーチすることは思考することそのものであり、情報をただ集めるだけの作業になった瞬間、それは価値がない行為になります。

▶ 本書の目的

本書は、ビジネスパーソンのリサーチスキルの向上に寄与すべく、その手法やテクニックについて、我々アクセンチュアの知見をご紹介するために書いたものです。

アクセンチュアは、グローバル30万人以上が在籍しており、戦略、コンサルティング、デジタル、テクノロジー、オペレーションズの5つの領域でサービスを提供しています。通信／ハイテク、製造／流通、素材／エネルギー、金融サービス、公共サービス／医療健康といった業界のクライアント企業のビジネス変革支援にとどまらず、先端技術・業界動向のリサーチ・研究機関も保有しており、クライアント企業のリサーチ業務自体をグローバルレベルで受託しているケースも数多くあります。

私たちは日々のコンサルティング業務の中で、リサーチの手法・ノウハウ

を蓄積しており、筆者一同これまでに数多くのリサーチに基づくコンサルティングサービスを提供しています。

そこで今回、これからのビジネスパーソンにとってますます重要なスキルの一つである「リサーチ」というテクニックについて、本書で触れることにしました。

▶ 本書の構成

本書は、第1章「リサーチの基本的な流れ」、第2章「9つのリサーチ技法①『情報をさがす編』」、第3章「9つのリサーチ技法②『情報をつくる編』」、第4章「リサーチのケーススタディ」の4章構成となっています。

第1章「リサーチの基本的な流れ」では、どのようなタイプのリサーチ業務においても共通の土台となる、リサーチを進める上で大事なポイント、作業計画の立て方について解説してあります。本内容は弊社におけるジュニアコンサルタント育成用のトレーニングの基礎的な内容を元になるべくわかりやすく解説することを心がけました。

第2章・第3章の「9つのリサーチ技法」では、ビジネスリサーチの現場で絶対に習得しておくべき9つの基本技法について解説しています。各リサーチ技法の目的・使い方・テクニック・作業上の注意点等についてなるべく具体的に解説するよう心がけました。本章では、ビジネスパーソンなら誰でも行うであろうWeb検索や書籍・文献検索等の技法から、マーケティング・リサーチ部門の方々が専門的に行う消費者アンケートやソーシャルリスニング等について触れています。

第4章「リサーチのケーススタディ」では、実際のビジネスの現場で想定されるシーンを6つ挙げて、各シーンにおいて9つの技法がどのように活かされるかを意識しながら解説しています。なるべく読み物としても面白いように最近のホットトピックも含めるようにしました。

◧ 今こそ本当に必要なビジネスリサーチ力を身につけよ

　ビジネスリサーチ力は、これまで一部の企画部門やマーケティング部門の業務という位置づけであり、多くのビジネスパーソンはあまり意識してこなかったビジネススキルかもしれません。

　しかし、今後のビジネスの劇的な環境変化に鑑みると、そのスキルは全てのビジネスパーソンに必須のスキルの一つとなることは間違いありません。

　本書は、弊社コンサルティング部門で長年培ったリサーチノウハウと弊社の消費財業界担当チームの各人の経験を組み合わせて、まとめたものです。本書執筆にあたり心がけたことは、通り一遍のリサーチテクニックの一般論を紹介することではなく、なるべくビジネスの現場で実践できる形となり、読者の皆さんに一つでも多くのインサイトを提供することです。そのために、チームメンバーで議論を重ねてきました。

　リサーチでもっとも大事なことは、純粋に"知りたい"という気持ちに従って、"楽しい"と思って取り組むことであると考えます。読者の"知りたい"・"楽しい"という気持ちが高まり、一つでも多くのインサイトを得ることに、本書が少しでも貢献することができれば幸いです。

アクセンチュア株式会社
宮尾　大志

外資系コンサルのリサーチ技法

目次

CONTENTS

はじめに ……… 001

第1章　リサーチの基本的な流れ

- **Point 1**　ステップ①目的の確認 ……… 012
- **Point 2**　ステップ②リサーチプランの設計 ……… 018
- **Point 3**　ステップ③リサーチの実行 ……… 023
- **Point 4**　ステップ④アウトプット化 ……… 025

第2章　9つのリサーチ技法①『情報をさがす編』

- **Point 1**　情報を「さがす」技法と「つくる」技法 ……… 030
- **Point 2**　Web検索 ……… 033
- **Point 3**　文献検索 ……… 044
- **Point 4**　記事検索 ……… 054
- **Point 5**　公的調査・統計活用 ……… 060
- **Point 6**　民間調査レポート活用 ……… 071

第3章 9つのリサーチ技法② 『情報をつくる編』

- Point 1　アンケート調査 ……… 082
- Point 2　ソーシャルリスニング ……… 098
- Point 3　フィールド調査 ……… 110
- Point 4　インタビュー ……… 116

第4章 リサーチのケーススタディ

- Point 1　【顧客を調べる①】取引先の実態を調べる ……… 130
- Point 2　【顧客を調べる②】商品の消費動向を調べる ……… 139
- Point 3　【業界・市場を調べる①】市場規模・成長性を調べる ……… 144
- Point 4　【業界・市場を調べる②】規制緩和による影響を調べる ……… 152
- Point 5　【企業を調べる①】企業の業績推移を調べる ……… 159
- Point 6　【企業を調べる②】先進企業の事例を調べる ……… 167

おわりに ……… 177

巻末資料 ……… 180

執筆者一覧 ……… 182

第1章
リサーチの基本的な流れ

ビジネスにおけるリサーチは、下記のように4つのステップで進めていきます。本章では、各ステップの具体的な進め方と成功のポイントを説明していきます。

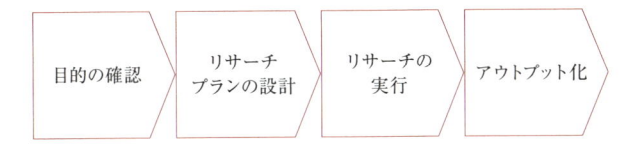

目的の確認 → リサーチプランの設計 → リサーチの実行 → アウトプット化

Point 1 ステップ① 目的の確認

■ リサーチの目的を確認する

　調べる（＝リサーチする）ということは、知らないこととの出会いであり、元来楽しいことです。しかし目的意識を持って調べないと、ただ漫然と時間が過ぎてしまいます。興味の赴くままにリサーチを進め、いざ結果をまとめるタイミングになって「いろいろ知識は溜まったけれど、肝心のことがよくわからない」という事態に陥ってしまっている人を、数多く目にしてきました。

　同じ過ちを繰り返さないためにも、リサーチをする際には必ず「一体何のために今のリサーチをしているのか」という目的意識を常に持ってリサーチを進めなくてはなりません。

　そしてリサーチの目的は、図表1－1の3つの視点から確認するようにし

図表1-1　リサーチの目的を確認する3つの視点

[第1の視点] 答えるべき問い	&	[第2の視点] 企画のステージ	&	[第3の視点] 成果のレベルとまとめるイメージ

↓

調べる広さ・深さ

アクセンチュア作成

てください。そうすることで、リサーチの広さ・深さを適切に保つことができるようになります。

▶ 第1の視点：答えるべき問い

リサーチをする際には、「何を知りたいか」を考える前に、「そもそも、どんな課題を解決したいのか」という「答えるべき問い」をはっきりさせておくようにします。

例えば、上司から「中国の飲食店市場を調べてくれ」という指示が来たとします。みなさんなら、どうするでしょうか。「とりあえず飲食店の業態や店舗数の変化などを調べてみようか」などと考えてはいけません。まずは、「中国の飲食店市場を知ることで、どんな課題を解決したいのか」「どんなアクションに結び付けたいのか」ということをはっきりさせることが必要です。

この場合、上司は、中国の飲食店経営に乗り出したいのでしょうか。それとも食材の新しい取引先を見つけたいのでしょうか。後者だとしたら、それはどんな食材なのでしょうか。あるいは、そもそもどんな食材だったら良いかまで含めて検討する必要があるのでしょうか。

「答えるべき問い」によってリサーチの内容は大きく変わってきます。可能な限り最初の段階で「答えるべき問い」を絞り込むことが、リサーチを成功させるポイントです。

▶ 第2の視点：企画のステージ

企画がどのステージにあるかによってもリサーチ内容は大きく変わってきます。担当している企画が、リサーチの3つの企画ステージ（図表1－2）のどこにあるかも、常に意識して臨むことが必要です。

1）検討着手ステージ：基礎を理解し全体観を把握する
企画が検討着手のステージにある場合は、リサーチは対象領域の基礎を理

図表1-2　企画のステージ

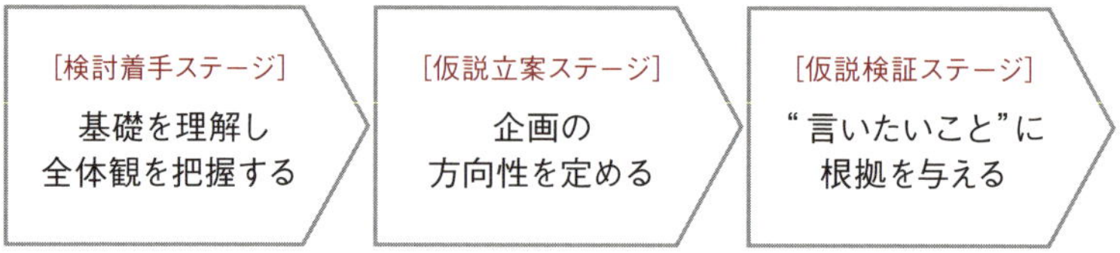

［検討着手ステージ］
基礎を理解し
全体観を把握する

［仮説立案ステージ］
企画の
方向性を定める

［仮説検証ステージ］
"言いたいこと"に
根拠を与える

アクセンチュア作成

解するためと割りきって調べることが大事です。リサーチを効率的に終わらせたいがために、企画書に盛り込むような価値ある情報までをこのステージでつい集めようとしてしまいがちですが、そうすると企画の検討が最初から停滞してしまいますので気をつけなくてはなりません。

　このステージでのリサーチの目的は、以降の本格的なリサーチで得られるはずの情報を正しく解釈するための基礎知識を備えておくことです。従って、例えば業界本や企業ホームページ、有価証券報告書といったすぐ取得できるソースをざっと読み込む程度にリサーチをとどめ、まずは全体観を把握する（＝"鳥の目"を持つ）ことを意識します。

2）仮説立案ステージ：企画の方向性を定める

　企画の方向性を定める仮説立案のステージでは、検討着手のステージより、もう一段階深いリサーチが必要となってきます。

　業界本や企業ホームページといった単独の表面的な情報に終わらせず、例えば自社と他社を同じ項目で比較して数値の高低の傾向を見るなど、一工夫して深く調べるに足るポイントを絞ることが、このステージにおけるリサーチの目的となります。

　ただし、気になるポイントが見えてきたからといって、すぐに次のリサーチにとりかかるのではなく、一旦立ち止まって考えてみることが大事です。深く知りたいことにピンポイントに答えてくれる情報が存在することは極め

て稀で、ほとんどの情報は知りたいことに対して間接的、あるいは部分的な情報に過ぎません。したがって、自分なりの仮説を持ち、「その仮説が正しいか否か」という意識を持って情報を見ていかないと、有益な情報をピックアップすることができず、情報の海に溺れてしまいます。

　例えば、ある数字が自社よりも他社の方が高いと示された場合に、「それはなぜだろう」と考えて、「おそらくこうなんじゃないか」という自分なりの仮説を持った上で次のリサーチに取りかかるべきです。

3）仮説検証ステージ："言いたいこと"に根拠を与える

　このステージは、言いたいこと（仮説）に根拠を与える（検証）ステージです。もっとも、仮説を直接100％証明してくれる情報など基本的にはありませんので、いかに間接的、部分的な情報をかき集めてきて、これらを組み合わせるかを考えることが、このステージにおけるリサーチの目的となります。

　このステージのポイントは、いくら工夫してもそもそも100％の証明は不可能ですので、どのくらいの根拠を与えれば十分かを見極め、それ以外の要素をいかに割り切るか、という点です。

　どのくらいの根拠を与えれば仮説の検証として十分かを見極めることは、相当難易度が高い判断であり、結局は場数をこなすことでしかその判断力は身につきません。しかし、以下の２点に留意しつつリサーチに臨むことで、その精度を高め、習得のスピードを上げることはできます。

　まず１つ目は、「情報は少なければ少ないほど良い」という考え方を持つことです。リサーチの結果を報告する際には、反論される怖さや、せっかく調べたことを伝えたいという想いから、つい多くの情報を盛り込んでしまいがちです。

　しかし、リサーチの品質は、「いかに多くの情報を集められたか」ではなく、「報告相手にやってほしいこと、合意してほしいことを、いかに少ない情報で達成できたか」で判断されるべきものです。「情報は多ければ多いほど良い」という考え方は捨てましょう。

　ぜひ心に留めておいて頂きたいのは、「大抵の場合は思ったより少ない情

報でなんとかなる」ということです。ビジネスは研究ではありませんので、あくまで人が動くために必要十分な情報と論理を提供すれば良いということです。

2つ目は、「与えるべき根拠のレベルは、その企画を説得したい人次第で大きく変わる」という意識を持つことです。

例えば、説得したい人がそもそも企画自体に前向きであれば、企画の魅力を中心にした根拠を示すだけでも成功する可能性が高いですし、一方、後ろ向きな人であれば、リスク面も含めた十分な根拠を準備する必要があります。それ以外にも、その人が自分の意見を信頼してくれているかどうかによっても大きく変わります。理論派か感覚派かといったその人自身の思考特性によっても変わります。

◤ 第3の視点：成果のレベルとまとめるイメージ

リサーチの目的の確認における3つ目の視点は、求められる「成果のレベルとまとめるイメージ」を持つよう心がける、ということです。

求められる「成果のレベル」は、スピード、精度、網羅性、の3つのバランスから見極めます（図表1−3）。例えば、「検討着手」の基礎を理解するステージではスピードが最優先されます。「仮説検証」のステージで、そのリサーチの結果自体が企画書の大事なパートに盛り込まれる場合は、精度と網羅性を重視してきっちり作り込むことが大事です。特に自分が企画チームの1メンバーであり、上司、あるいは同僚と連携してリサーチを進めなければいけない場合は、この「求められる成果のレベル」の共通認識ができていないと、期待と異なるものを出してしまったり、無駄に時間を使ってしまったりということになってしまいます。

またその際には、なんとなく頭の中で3つのバランスをイメージするだけでは意味がありません。想定されるバランスを踏まえた具体的な「まとめるイメージ（絵柄）」を持つことで、はじめて関連メンバーとの認識のすり合わせができ、自分自身の今後の作業の具体的な指針ができます。

「まとめるイメージ」は、たとえば「ワードのメモ程度で済ませるものな

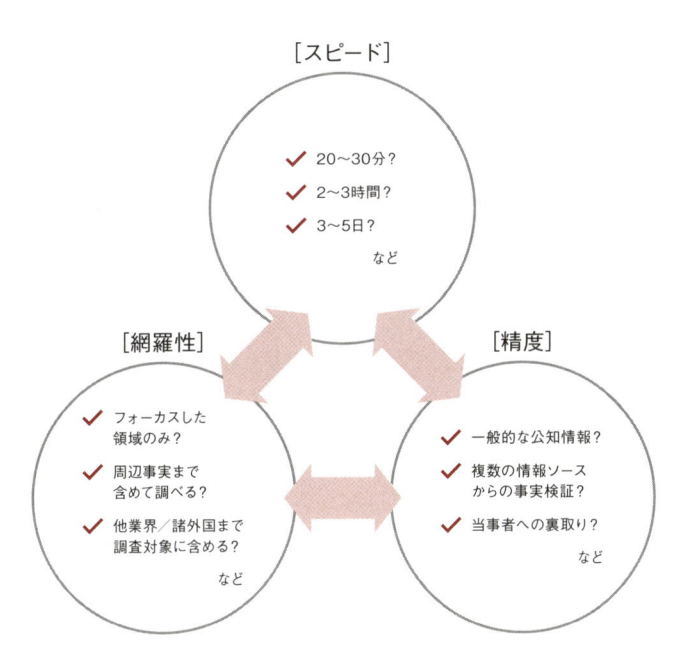

図表1-3　求められる成果のレベル

［スピード］
- 20〜30分？
- 2〜3時間？
- 3〜5日？
など

［網羅性］
- フォーカスした領域のみ？
- 周辺事実まで含めて調べる？
- 他業界／諸外国まで調査対象に含める？
など

［精度］
- 一般的な公知情報？
- 複数の情報ソースからの事実検証？
- 当事者への裏取り？
など

アクセンチュア作成

のか」「エクセルやパワーポイントでしっかりまとめるものなのか」「しっかりまとめるといってもそのまま企画書に載せることを目指すものなのか、チーム内での共有のためのものなのか」といった概要レベルはもちろんのこと、「（グラフにする際に）縦軸と横軸でどんな項目が必要か」「それぞれの項目は必須なのか任意なのか」といった詳細レベルのことまで含みます。

　そして、「それらをどのくらいの時間で済ませるか」まで決めておけば、スピード、精度、網羅性のバランスを見誤るリスクを最小限にすることができます。

Point 2　ステップ②
リサーチプランの設計

◆ プランを2軸で可視化する

　実際にリサーチに着手する前に、まずは「どんなソース（情報源）に、いつ、どの順番であたるか」という全体のプランを設計しておきましょう。この設計は面倒なので、ついつい頭の中だけで済ませてしまいがちですが、少し時間を割いてプランを可視化しておくと、時間的に無理がある部分や、ソースの厚みを増すべき部分など、あらかじめリサーチの改善余地が見えてきますので、怠らないようにしましょう。

　基本的にリサーチのプランは、「どんなソースにあたるか」「いつどの順番であたるか」という2軸で可視化することができます（図表1−4）。

図表1−4　リサーチプランを可視化する2軸

| どんなソースに
あたるか | × | いつどの順番で
あたるか |

アクセンチュア作成

◤ どんなソースにあたるか

　先にご紹介した3つの視点でリサーチの目的をしっかり定めていけば、どのくらい広く・深く調べるべきかの方向性は定まります。これが定まれば、次は「具体的にどんなソースにあたるか」を決めます。
　下記のように、調べる広さ・深さのタイプによって、適するリサーチ技法は異なります。さらに、各リサーチ技法それぞれにおいても、具体的なソースの種類は様々です（図表1−5）。
　まずは、各技法を選び、そこからどんなソースにあたるかを決めるわけですが、これについては第2章と第3章で具体的に紹介することとします。

図表1−5　調べる広さ・深さとリサーチ技法の関係

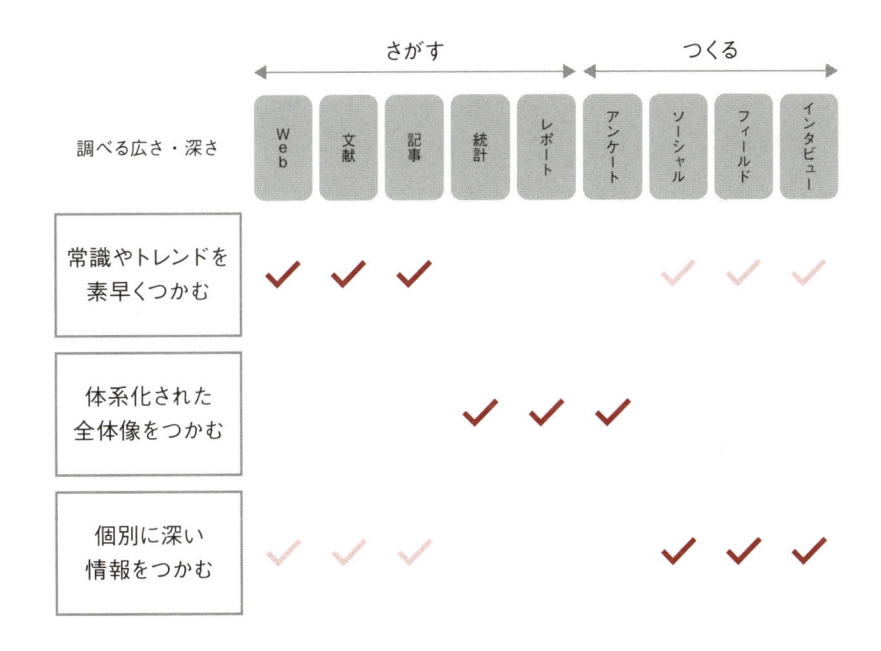

調べる広さ・深さ	さがす					つくる			
	Web	文献	記事	統計	レポート	アンケート	ソーシャル	フィールド	インタビュー
常識やトレンドを素早くつかむ	✓	✓	✓				✓	✓	✓
体系化された全体像をつかむ				✓	✓	✓			
個別に深い情報をつかむ	✓	✓	✓				✓	✓	✓

アクセンチュア作成

■ いつどの順番であたるか

リサーチプランの中でも「いつどの順番で(どんなソースに)あたるか」というプランのことを、ワークプランと呼びます(図表1-6)。ワークプランを決める上での留意ポイントは大きく3つあります。

図表1-6　ワークプランイメージ

どんなソースにあたるか		いつどの順番であたるか				
		1日目			2日目	
		午前	午後	帰り	午前	午後
	Web検索（無料情報）	Webで分かること／分からないことを明確化				
	記事検索		Webで分からない部分を追加で調べる			分かったことまとめ
	文献検索			関連本や、新刊雑誌で情報を探す		
	調査レポート		各有料レポートの概要と価格をとりまとめる	常識やトレンドを素早くつかむ		有料レポートでしか分からない部分を明確化、上司に購入相談
	インタビュー（社内）	上司紹介の社内有識者へアポ取り	質問項目作成		ヒアリング実施	議事メモ作成

アクセンチュア作成

1）まず周りに聞いてまわる

　1つ目は、まず最初はとにかく周囲の人に聞いてみる、ということです。欲しい情報が、意外と自社内に眠っていることは、私たちがコンサルティングを行う際にもよくあります。

　例えば、こんなことがありました。ある企業の本社企画部門が海外戦略を立案するために、ある国の流通構造（商品がメーカーから消費者に行き渡るまでにどんな卸や小売を介しているか、商品だけでなくお金、情報の流れも含めて）について、競合比較を実施しようとしていました。

　当初その企業は、外部のソースを探索することを前提にリサーチのワークプランの検討を進めていましたが、海外の現地に出向いたところ、クライアントの駐在所の営業担当の方にヒアリングをすることで、知りたいことの大体のことが分かってしまったということがありました。

　このケースでは、幸いにして駐在所があったので情報が入手できました。しかし、仮に自社の未展開エリアや事業であったとしても、そのエリアの出身者や別の企画部門で近しいことを検討したことがある方など、何かしら社内で有益な情報を持っている方はいるはずです。そして、直接知っている人に心あたりがなかったとしても、周囲に聞いてまわることで、知らなかった社内識者にたどり着くものです。

2）情報取得までのリードタイムを意識して並行して進める

　2つ目のポイントは、ワークプランを設計するにあたっては、複数のソースに並行してあたることを心がける、ということです。特に、欲しい情報が見つかるかどうか、実際に調べてみないと分からないケースでは、やってみて見つからなかったというリスクを減らすために、複数のソースに同時並行的にあたっておくことが重要です。

　私たちが日頃行っているコンサルティング業務においても、納期に間に合わないリスクを回避するため、同じ調査を複数の調査会社に依頼することがあります。そこまでではなくとも、例えばWeb検索と文献検索と有識者インタビューを並行して実施する、といったことは考慮しておくべきです。その結果、仮に欲しい情報が複数のソースから重複して得られたとしても、情

報の信頼性が高まったということですので無駄になることもありません。

また、例えばインタビューなどはアポイントを取ってから実施するまでリードタイムがあるので、その間に別ソースをあたるなど、効率的に時間を使うという意味でも複数のソースに並行してあたることは重要です。

3）仮説が外れた場合の対応策を考慮に入れる

3つ目は、リサーチを行う広さと効率のバランスについてのポイントです。このポイントは、特に仮説検証のステージのリサーチで重要になってきます。というのも、確からしい仮説があれば、本来はその仮説の検証のためだけにピンポイントに調査すればよいのですが、うまく事が運ぶことはほとんどなく、往々にして「確からしい」仮説は外れるものです。

あるリサーチをした結果、「確からしい仮説」が外れていたと分かった場合に、その時点からもう一度、最初からリサーチをし直していては、おそらく時間が足りません。ですので、仮説を乗り換えることになっても即座に必要な情報を引き出せるように、最初からなるべく広い範囲で調査しておくワークプランを作ることが望ましいということになります。

たとえば、ある仮説を検証するためには過去5年分のデータだけ取得しておけばよいところを、少しの追加作業で対応できるなら、念のため過去10年分取得しておく、といったようなことです。こうしたことを時系列だけでなく、リサーチの範囲を規定する全ての要素においてワークプランに織り込んでおけるかどうかで、リサーチ全体の効率は大きく変わってきます。

ステップ③
リサーチの実行

◆ リサーチの質を高めるための心構え

　リサーチ技法ごとの具体的な進め方については第2章や第3章で触れますので、ここではリサーチを実行する上での、全般的な心構えについてだけ簡単に触れておきます。

　安易なソースから得られる情報は、それだけでは価値がないことも多くあります。従って私たちがコンサルティング業務でリサーチを行う場合には、複数ソースから得た情報の併せ技でメッセージ性を出すか、通常以外の情報収集ルートで仕入れた希少性の高い情報で勝負をするといったことが良くあります。

　前者は分析スキルによるところが多いですが、後者は姿勢次第で誰でも可能なことです。通常以外の情報ルートといっても特殊なものではありません。

- ビジネス雑誌や書籍、インターネットなどである情報を探していたが、まったく見つからなかった。しかし、仕事帰りに本屋に通い詰めていると、ある日、欲しい情報がピンポイントに掲載されている新刊書籍を見つけた。

- ビジネス書に載っているデータについて不明な点があったので、巻末に掲載されていた著者への電話番号に電話をかけてみた。すると本人が出て、質問に答えてくれた。

偶然といえばそれまでですが、良い偶然に巡りあうための積極的な姿勢、行動がリサーチにおいては重要だということです。
　リサーチプラン通り効率的に進めていくこともとても重要ですが、それで情報が得られなくても、諦めないで自分なりのやり方でもがいてみることも大事です。

Point 4 ステップ④ アウトプット化

■ リサーチ結果の整理方法

　リサーチによって得られた情報や示唆は、いきなりパワーポイントでプレゼン資料にまとめあげようとせず、まずはエクセルで整理しておくことが有効です。たとえば図表1－7のように、横軸に、「まとめたい切り口」「内容」「情報鮮度」「出所」「備考」といった項目を準備し、縦に得られた情報を並

図表1－7　リサーチ結果の整理イメージ

	まとめたい切り口	内容	情報鮮度	出所	備考
例	○○株式会社	・・・・	2015年12月4日	2015年12月4日 ○○新聞	・・・・
注意点	・お題によって異なってくるが、"意味のある切り口"で区分すること	・その情報ソースに書いてあることを書く ・かといって、当たり前だが、関係ない文まで全てコピペすればよいわけではない ・事実とあなたの意見を混同しないように！	・古い情報と新しい情報が混ざる場合には、安易に比較はできない。しっかりと書いておいて、確認できることが重要	・後で突っ込まれた場合に、情報を再確認できるために必要 ・ブログなどに載っている情報は取るべからず ・出所：インターネット、は意味なし ・初めは何頁に載っていたかまで書いておく方が無難	・その他その情報を見る上で注意しないといけない点 ・関連情報などを書いておく

アクセンチュア作成

第1章｜リサーチの基本的な流れ

べていくのです。

　情報を整理しておく際の留意点が2つあります。

　1つ目は、必ず「情報鮮度」と「出所」を記載しておくことです。「2014年1月8日、○○新聞」といった具合です。情報から何かを解釈する際には、常に「いつ時点の情報か」を意識する必要があるので、「情報鮮度」の項目は不可欠です。また「出所」は、情報の信頼性を左右することに加え、改めて元ソースを確認したい場合に必要になりますので、可能な限り具体的に記述しておきます。例えばWeb検索の結果を「出所：インターネット」とだけ記載していては意味がありません。書籍の場合は、できれば何ページに載っていたかまで記載しておくことが望ましいでしょう。

　2つ目は、「内容を記載する際に事実だけを書く」ということです。逆にいえば、自分の意見を混同させないことです。ソースに記載されている内容を全てコピペするのではなく、要旨を書いておくことは良いことですが、要旨にしようとするとつい自分の意見まで入り込んでしまいがちです。意見、見解を書いておくことは構いませんが、その場合は、明確に事実とは分けて書きます。

いつでもすぐに検索・閲覧可能にしておく

　集めた情報は、いつでもすぐに検索・閲覧が可能な状態に管理しておくことが大事です。面倒がらずにしっかり管理しておかないと、既に入手している情報をもう一度探したり、貰うことになってしまったり、関連するメンバーから"○○についての情報が見たい"という要求があっても、即座に対応できなかったりと、後悔することになります。

　望ましい管理状態は、電子媒体であれば区分切り（時系列／企業別／テーマ別など）されたフォルダに格納されていること、紙媒体であればバインダーに綴られている／クリアファイルで分類されていること、さらに目次シート（どの情報がどこにあるのかが一覧化されたシート）があることです。目次シートには、個々の情報名、取得日、出所、情報の鮮度、保管場所くらいを記載しておけばよいでしょう（図表1－8）。

図表1-8　情報を管理する方法（一例）

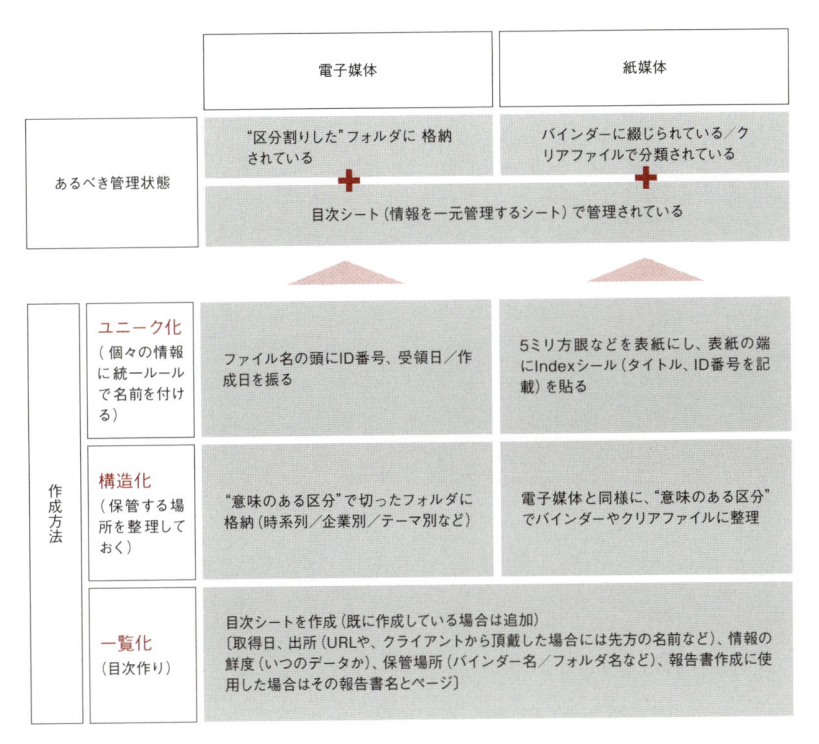

	電子媒体	紙媒体
あるべき管理状態	"区分割りした"フォルダに格納されている	バインダーに綴じられている／クリアファイルで分類されている
	＋	＋
	目次シート（情報を一元管理するシート）で管理されている	

作成方法		電子媒体	紙媒体
	ユニーク化（個々の情報に統一ルールで名前を付ける）	ファイル名の頭にID番号、受領日／作成日を振る	5ミリ方眼などを表紙にし、表紙の端にIndexシール（タイトル、ID番号を記載）を貼る
	構造化（保管する場所を整理しておく）	"意味のある区分"で切ったフォルダに格納（時系列／企業別／テーマ別など）	電子媒体と同様に、"意味のある区分"でバインダーやクリアファイルに整理
	一覧化（目次作り）	目次シートを作成（既に作成している場合は追加）（取得日、出所（URLや、クライアントから頂戴した場合には先方の名前など）、情報の鮮度（いつのデータか）、保管場所（バインダー名／フォルダ名など）、報告書作成に使用した場合はその報告書名とページ）	

アクセンチュア作成

◼ スライドや企画書へのアウトプット

　情報を整理した後は、そこから読み取れることを考え、企画書に織り込みたいメッセージを抽出し、企画書を書き始めるというアウトプットのプロセスになります。その際に必要な分析やスライド作成の技術についての詳細は他書に譲りますが、実際にリサーチからスライド作成に至るまでの過程を具体的な事例とともに「第4章　リサーチのケーススタディ」で触れていますので、ご参照ください。

▶ 常に将来を見据えて情報のアンテナを張っておく

　本章の最後に、リサーチの力を高めるヒントをご紹介しておきましょう。
　自身のリサーチ力を高めるためには、業務として必要になるタイミングだけでなく、常に将来を見据えて情報のアンテナを張っておくことです。新聞なら図表やデータを切り取っておく。ビジネス誌なら"良いネタ"にポストイットを貼っておく。書店に寄ったら、白書が置いてあるコーナーに立ち寄ってみて、どんなものがあるのか、どんなデータが載っているのかをチェックしておく。暇があったら、ネットで統計データサイトなどを見つけて「お気に入り」に入れておく。このように、日々の生活の中で、自身の仕事にいつか関係しそうなネタを蓄えておきましょう。

第2章

9つのリサーチ技法①
『情報をさがす編』

ここからは、代表的なリサーチ技法について、活用方法をご紹介していきます。具体的には、各技法に習熟するためのコツを、「ルール」と「テクニック」に分けてご紹介します。「ルール」は、必ず実施すべきことや守ってほしいことで、「テクニック」は、経験者は何気なくやっているものの、意外と体系的には学ぶ機会がない、効率化の工夫やうまいやり方です。

第2章では、下記の技法をご紹介します。

- Web検索
- 文献検索
- 記事検索
- 公的調査・統計
- 調査レポート

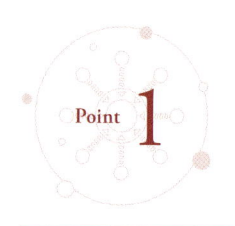

Point 1 情報を「さがす」技法と「つくる」技法

9つの基本的なリサーチ技法

　第2章と第3章では、私たちコンサルタントが日常的に、頻繁に活用しているベーシックな9つのリサーチ技法をご紹介します（図表2-1）。

　もっとも、実際のリサーチでは、これらの技法のうち、どれか一つだけを使ってリサーチが完結することはほぼありません。複数の技法を目的や状況に応じて使い分けつつ、組み合わせて使うことになります。どのように組み合わせるかは第4章のケーススタディで紹介します。

図表2-1　9つのリサーチ技法

Web検索	インターネット検索エンジンを使った情報収集
文献検索	刊行されている基本書・専門書等からの情報収集
記事検索	新聞や雑誌など定期的に発行されている媒体からの情報収集
公的調査・統計	行政や研究機関が発表している大規模定量データを使った情報収集
民間調査レポート	調査会社が発行している、調査対象テーマに関してまとめられた報告書からの情報収集
アンケート調査	広く消費者や参加者に問いかけ、傾向やクラスターを定量的に把握する情報収集
ソーシャルリスニング	消費者が大量に、何気なく、自発的に発信している情報の収集
フィールド調査	現地に足を運んで実際の場面を観察・体験することによる情報収集
インタビュー	有識者や消費者に直接問いかけることによる深い情報収集

アクセンチュア作成

2つのタイプに大別できるリサーチ技法

図表1-5のとおり、調べる広さ・深さのタイプによって、適しているリサーチ技法は異なります。たとえば、手早く基本的な常識を吸収して仮説を立てる手がかりを得る際には、Web検索や文献検索、あるいは記事検索といった技法が主に使われます。全体の傾向を体系的・定量的に理解する際には、公的調査・統計や調査レポート、アンケート調査がよく使われます。常識を超えた専門知識や深い気づきを得る場合には、ソーシャルリスニングやフィールドリサーチ、インタビュー調査といった技法が用いられます。

そしてリサーチの技法は大別すると、情報を「さがす」技法と、情報を「つくる」技法に分類することができます。例えばWeb上に公開されている

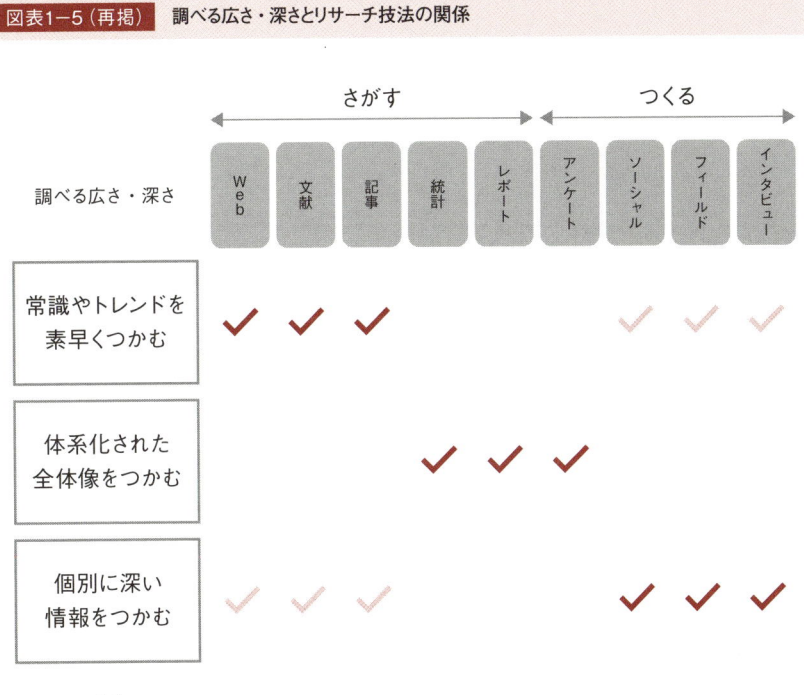

図表1-5（再掲）　調べる広さ・深さとリサーチ技法の関係

調べる広さ・深さ	さがす					つくる			
	Web	文献	記事	統計	レポート	アンケート	ソーシャル	フィールド	インタビュー
常識やトレンドを素早くつかむ	✓	✓	✓			✓	✓	✓	✓
体系化された全体像をつかむ				✓	✓	✓			
個別に深い情報をつかむ	✓	✓	✓				✓	✓	✓

アクセンチュア作成

情報や、政府の公刊情報のように「すでに存在し、誰でも取得可能な情報」（「二次データ」）については、情報を「さがす」技法を用います。「さがす」技法のポイントは、いかに効率的に取得し、そこから独自の考察を広げられるかということになります。

　一方、インタビュー調査を実施することによってはじめて得られるような「現在存在せず、自ら作り出す必要がある情報」もあります。そのような一次データについては、情報を「つくる」技法を用います。「つくる」技法では、「そのデータをどう作るか」という設計が極めて重要になり、この設計次第で、リサーチ結果は大きく変わってきます。

　この第2章では、「さがす」リサーチの技法についてご紹介します。

Point 2　Web検索

◤ あらゆるリサーチの起点となるWeb検索

　今の時代、Web検索はあらゆるリサーチの起点になると言っても過言ではありません。リサーチの手掛かりとなるキーワードを見つけるにしても、そのキーワードを使ってより具体的な事実を見つけるにしても、グーグルを始めとした検索エンジンの活用はリサーチにおいて絶対に欠かせない手法となっています。

　すでに読者の皆さんもWeb検索は日常的にお使いだとは思いますが、ちょっとしたコツでより効率的に、上手く使えるようになりますので、そのワザをいくつかご紹介しましょう。

◤ Web検索の主な使用シーン

　検索エンジンを通じて得られる情報は、言うまでもなく「誰でも容易にアクセスできるもの」ですから、差別化できる情報が手に入るわけではありません。むしろ、当然知っておかなければいけない基本的な事実を確認したり、クイックに概況を把握したりといった場合に使います。

　例えば、「○○国での○○事業のマクロ環境をざっくり知りたい」「○○業界における新商品や技術のトレンドをざっくり知りたい」「○○社の会社概要と最近のトピックスを知りたい」といった場合が考えられます。

　ビジネスにおけるリサーチは基本的に、「こういった事実があるのではないか」というなんとなくのアタリ（コンサルティング業界では「初期仮説」と呼びます）があり、その仮説を具体的数値や事例で検証する、あるいは反

証し新たな事実を発見する、という流れで進めます。しかし、それまでほとんど見聞きしたことがないような、全く新しい業界・商品・企業等について調べようとする場合、初期仮説そのものが浮かびにくいこともあります。Web検索は、そういった際に初期仮説を構築するためのインプットとすべく、その業界・企業・商品等についての基本的な事実を把握する、いわば鳥の目で土地勘を掴むために有効な手法なのです。

また、Web検索を進めるうちに、初期仮説構築の手掛かりだけでなく、「どのくらいの手間や時間をかければどのくらいの深さの情報まで取得できそうか」といった、リサーチに必要な時間や手間についてもある程度「アタリ」をつけることができます。

◤ ルール：ゴール×時間を最初に設定する

何も準備をしないままWeb検索にとりかかると、単なるネットサーフィンになってしまいます。無駄な時間がかかる上に、「結局何がわかったんだっけ？」という悲惨な結果になりかねません。

そういった事態を避けるために最初にすべきことは、「どのくらいの時間をかけてどのくらいの結果を目指すか」という投資対効果をイメージするこ

図表2-2　Web検索における注意点

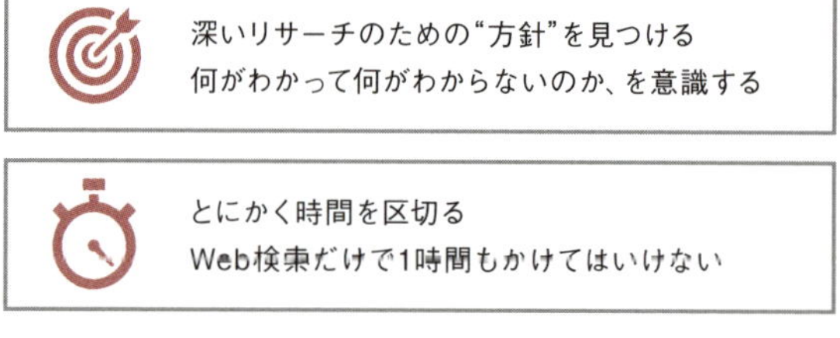

- 深いリサーチのための"方針"を見つける
  何がわかって何がわからないのか、を意識する

- とにかく時間を区切る
  Web検索だけで1時間もかけてはいけない

アクセンチュア作成

とです。例えば、「10分くらいでA市場の主要プレーヤーをリストアップしよう」、あるいは「30分くらいでB社の新商品発売の歴史を紐解こう」といった具合です。

　Web検索は、あくまでもリサーチのとっかかりのための技法ですから、何時間もかけてやるものではありません。Web上で1時間かけても見つからない、というようなリサーチをしているとしたら、そもそもそんな情報はWeb上には存在しないか、やり方に工夫が必要です。

◆ テクニック：検索キーワードを磨く

　キーワードをもとに検索するWeb検索では、当然ながらキーワードの工夫が求められます。例えば、「オランダの冷凍食品市場の概要（市場規模、主要プレーヤー、チャネル、固有の商習慣、ホットトピック等）を掴みたい」としましょう。まず「オランダ　冷凍食品　市場規模」とそのまま検索しても、お目当ての情報は容易には発見できません。このような場合に重要なのは、「1）代替ワードを探す」×「2）組み合わせる」ことです。

1）代替ワードを探す
　「オランダ」であれば、ネーデルランド・Netherlands・Dutch・Hollandなど別の呼称を試すことはもちろん、EU諸国・西ヨーロッパ各国など直接オランダを特定せず、まとめて掲載されているサイトがないかを探してみます。
　「冷凍食品」は、冷凍保存食品、フローズンフード（ズ）、当然オランダ語の冷凍食品（"Diepvriesvoedsel"というそうです）で試してもいいでしょう。
　「市場規模」はマーケットサイズ・マーケットボリューム・売上高・販売量・流通量、など様々な切り口が考えられます。直接求める情報が見当たらなくても、最初からどこまでの精度で情報を集めるべきかがイメージできていれば、「こんなキーワードでもいいかもしれない」という代替案が浮かびやすくなります。

2) 組み合わせる

　代替ワードのリストアップができたら、その全組み合わせを試してみます。手戻りを避けるため、どのような組み合わせで検索したか、Excelを使うなどして記録しておくことを忘れないでください（図表2－3）。ここまでやって出てこなければ、Web検索で簡単に見つけることが難しい情報かもしれません。

図表2-3　検索キーワードの組み合わせを記録する（食品メーカーにおける安全管理体制に関するリサーチ例）

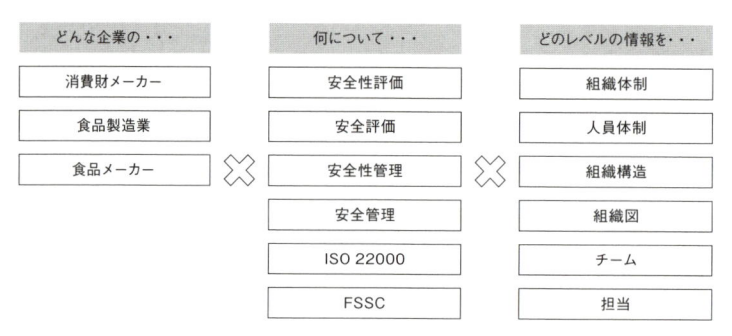

どんな企業の…	何について…	どのレベルの情報を…
消費財メーカー	安全性評価	組織体制
食品製造業	安全評価	人員体制
食品メーカー	安全性管理	組織構造
	安全管理	組織図
	ISO 22000	チーム
	FSSC	担当

（× × ）

アクセンチュア作成

Column

時には道草も重要

　検索している中で、本来欲しかった情報ではないが、関連して面白い情報が出てくることが多々あります。例えば、冷凍食品について調べるうちに、「CAS冷凍」というキーワードが度々出てくることに気づいたとします。ちょっと調べてみると、磁場を使って振動させながら瞬間冷凍させることで、解凍しても食品の風味を保つ冷

凍技術のようだとわかりました。

　採れたての農林水産物の鮮度をこれまで以上にそのまま保存できるということは、日本政府が推進する「6次産業化[*1]」という追い風を受けて、今後大きな脚光を浴びるかもしれません。さらに調べてみると、細胞を壊さない保存技術ということで、臓器の冷凍保存やiPS細胞の保存といった再生医学分野での適用が進んでいることもわかってきました。言うまでもなくこれは世界的に注目されている分野ですから、CAS冷凍の活用拡大の原動力となる可能性があります。

　このように、リサーチの過程で見かけた脇道情報をないがしろにしないことで、さらに深掘り調査するための切り口が見えてきたり、新しい切り口や初期仮説を見直すきっかけとなったりすることがありますので、いま欲しい情報でなくとも頭の片隅に置いておくことをお勧めします。

　リサーチで最も重要なのは、知らないことを発見して「面白いな」と感じられる知識欲かもしれません。その知識欲が、一般的な事実に留まらない、より有益なリサーチ結果の獲得に繋がるのです。

◤ テクニック：画像検索を使いこなす

　上司から「調べてくれたオランダの冷凍食品市場、バリューチェーンに沿ってわかりやすいようにまとめてみてよ」という指示を受けたとしましょう。この時、「バリューチェーンってどんなのだっけ?」と思ってクイックに確認したいのであれば、Web検索ではなく、画像検索が有効です。文章

---

*1　1次産業（農林水産業）が、2次産業（工業）・3次産業（サービス業）まで垂直的に事業領域を拡大していくこと。

だけで説明してあるサイトより、図表が入っているサイトのほうが、パッと理解するには好適です。そういったわかりやすいサイトを見つけるためには、視覚的に探す方法もあるということを覚えておいてください。これは、後々調査結果を資料としてまとめるイメージ作りにも役立ちます。

また、「ある市場の時系列統計データが欲しい」といった時にも、画像検索が活躍することがあります。データがありそうなサイトを探して一つひとつ確認するよりも、思い描くグラフに近いものを画像検索で見つけてから、そのサイトを集中的に調べるほうが、ずっと早く目的のデータにたどり着けます。

例えば、米国での過去30年のオレンジジュース消費量の情報を取得したい場合、通常のアプローチであれば、米国での管轄省庁を調べて、それがUSDA（米農務省）であることを知り、それからUSDAの公式サイトを見つけ、さらにそこから統計データのページを探して……と大変時間がかかります。しかし、「US orange juice consumption」と画像検索すれば、管轄省庁がUSDAであることだけでなく、ここ10年で急激に消費量が落ちてきている、という発見まで一瞬で到達することができます（図表2－4）。

そうすると、「なぜ消費量が落ちてきているのか」「2000年前後にどのよ

図表2－4　米国オレンジジュース消費量推移

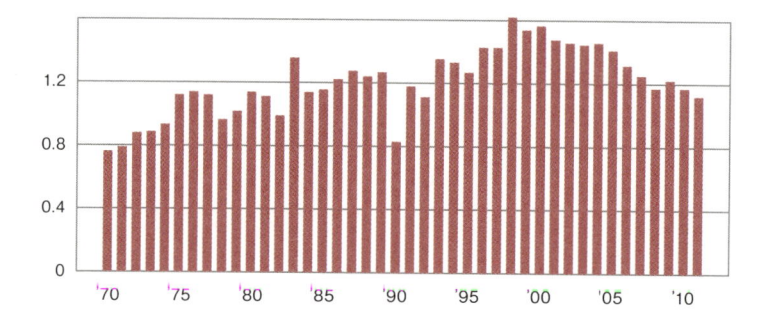

出所：USDA

うな変節点があったのか」「今後どうなっていくのか」といった、より深いリサーチの方向性が見えてきます。通常のやり方で、統計データをダウンロードして、集計してグラフを作って、とやっていたら、ここに至るまでに1～2時間は軽くかかってしまうかもしれません。

◤ ルール：情報発信元のポジション・情報の鮮度を常に意識する

　Web検索に限らずあらゆるリサーチに共通して言えることですが、発信者や発信時期にも注意して記録しておくようにしましょう。

　発信者については、特定のグループの利益代表であったり、根拠のない発信をしているものでないか、十分に注意してください。そのためにも、Web検索においては、単一データソースに頼るのではなく、複数データソースから同様のメッセージが導かれるまで探索することが原則です。

　例えば、WikipediaやNaverまとめのようなCGM[*2]は、日常生活においては非常に便利な情報源であることは事実です。ただし、これらのソースを鵜呑みにしてリサーチを終えることは、ビジネスでは絶対にありえません。それは、こういったメディアは誰でも発信・編集可能であり、ビジネスリサーチで使えるレベルの信頼性が担保できないからです。

- 個人のブログやツイッター（リサーチの方向性のアタリをつける程度）
- 複数の参加者が共同編集できるメディア（目的によっては使える場合も）
- 企業・団体の発表（大抵の場合信頼できる）
- 行政他公的研究機関の発表（誰からも文句を言われないレベルで信頼できる）

といった具合に、データソースの信頼性についても必ず確認し、また資料

[*2] Consumer Generated Media：消費者自身がコンテンツを生み出すメディア。どのようなテーマが今ホットなのか、消費者における流行を感じる、といった使い方では有効。

としてまとめる際にも明記するようにしてください。

　情報の鮮度については、例えば市場概要について金融機関や調査会社がまとめたレポートが公表されていることがありますが、いつの調査なのかに注意してください。過去2年くらいが可用性の目安です。3年以上前のレポートだと、市場の概況やホットトピックは変わってしまっていることが多く、信頼性が低くなります。

◤ テクニック：タブブラウジングを使って効率的に信憑性を高める

　Web検索で表示される結果は、当然玉石混淆です。その中から、いかに信憑性の高い情報を効率的に集めるかがリサーチの肝となります。そのためにはウェブブラウザのタブ機能の使用をお勧めします。

　具体的には、検索結果ページに出てくる見出しや抜粋を眺めて、該当しそうなサイトを見つけたら右クリックし、「リンクを新しいタブで開く」をクリックしていきます。こうすることで、検索エンジンによる機械的な検索結果一覧の中から、より自分の検索意図に合った、精度の高い検索結果がブラウザ上に開かれていきます。

　検索結果ページで、良さそうなサイトがあるからと言ってすぐにそのサイトをクリックして閲覧しようとすると、いちいち画面が表示されるまで待って、それから内容を確認して、意図にそぐわなければ検索結果ページに戻ってまた探して、という無駄な時間と手間がかかってしまいます。また、タブ機能で複数のサイトを開き、見比べながら調べることで、偏った理解や早とちりを防ぐ効果も期待できます。

◤ テクニック：Google検索の使えるTips

　様々な検索意図に応えるため、グーグルは多くの検索オプションを用意しています。その中から、使える小ワザをいくつかご紹介します。こういった検索Tipsを使いこなせるようになると、それだけで格段にWeb検索の効率性が上がります。

1）論理演算子の使い方

　「キーワード1　キーワード2」と検索するとAND検索になり、両方のキーワードを含む結果が表示されます。このとき、ANDと入力する必要は特にありません。みなさんも普段使われていると思います。

　一方、「キーワード1 OR キーワード2」と検索するとOR検索になり、どちらかのキーワードを含む結果が表示されます。こちらはAND検索とは異なり、キーワードの間に「OR」と書く必要があります。

　またANDとORは組み合わせて使うこともできます。例えば、「（キーワード1 OR キーワード2）キーワード3」を検索すると、キーワード1かキーワード2のどちらかを含み、かつキーワード3を含む検索結果が表示されます。

2）フレーズ検索

　例えば、地球温暖化についての英語文献を探したい場合、単に「global warming」と検索すると「global」と「warming」の両方を含むものの、温暖化とは直接関係のないサイトまで表示されることがあります。ユーザーが意図をもってキーワードを並べても、検索エンジンには並び順を問わないAND検索とみなされるからです。

　このような場合は"キーワード1　キーワード2"のように「""」で囲むことで、その並びでキーワードが出てくるサイトを探し当てることができます。特に英語のように単語を空白で分けて書く言語では便利な機能です。

3）「－（マイナス記号）」の使い方

　例えば、企業名を冠したプロスポーツチームを持っているような企業の事業について調べたい場合、企業名で検索するとスポーツの話題ばかり表示されてしまい、思うように欲しい情報が見つからないことがあります。企業は広告塔としてプロスポーツチームを擁しており、スポーツのニュースのほうが圧倒的に情報として出回っている量が多いのですから当然です。

　こうしたノイズを劇的に減らすコツがあります。それは、「検索ワード －プロ野球」のように、除外したい結果が高確率で含むキーワードを、マイ

ナス記号を付けて組み合わせることです。こうすることで、プロ野球の話題を含まない、企業そのものについての記事や情報が見つけやすくなります。

4)「filetype:」の使い方

　「filetype:PDF（半角スペースを空ける）キーワード」のように、キーワードとAND条件でファイル形式を指定すると、指定されたファイル形式の結果だけが一覧で表示されます。例えば、日銀の出している企業の物価見通しのPDFファイルを見つけたい場合、「filetype:PDF 企業の物価見通し」で検索すれば発表資料にダイレクトにたどり着くことができます。

　PDFの他に、PPT（パワーポイント資料）、XLS（バージョン2003までのエクセル資料）、DOC（ワード資料）などいくつかの拡張子が使えますので、試してみてください。

5)「site:」の使い方

　お目当てのウェブサイトにはたどり着いたものの、コンテンツが多かったり、構造が複雑で欲しい情報がどこにあるのかすぐにわからなかったりといった場合には、「site:」コマンドを使ってみましょう。例えば検索ボックスに「site:http://www.j-milk.jp/ ダイエット」と入力して検索すると、そのウェブサイトのドメイン（この場合には「j-milk（乳業生産・販売者の業界団体サイト）」）内から、「ダイエット」に関するページだけを探し出すことができます。

　一つひとつリンクをたどって探すよりも、この方が効率的に欲しい情報にたどり着けます。

6)「cache:」の使い方

　めぼしい検索結果が見つかったのに、既にそのサイトが削除されていて閲覧できない、ということがたまにあります。そういった場合は、「cache:ウェブサイトのURL」で検索を実行すると、以前に検索エンジンがクロールした時に保存している内容を確認することができます。

　ちなみに、検索結果の見出しの下にあるURLの▼をクリックしても表示

可能です。

▶ テクニック：言語に合わせた検索エンジンの活用

　検索エンジンの高度な技術的背景・特徴はあまりに難易度が高いので本書では触れませんが、各検索エンジンは、その個人の地域、言語、IPアドレスによって検索表示結果が変わるようです。
　日本ではGoogleがデファクトスタンダードだと思いますが、言語によっては別の検索エンジンを使うことも有効です。例えば韓国語圏であればNaver、中国語圏であればBaiduやQihoo、ロシア語圏であればYandexなどがシェアを伸ばしてきており、今後主流になっていく可能性もあります。
　私たちアクセンチュアも、例えば中国におけるリサーチを進める際は、日本語・英語でのWeb検索に限界があるケースが多々あるので、中国語の読み書きができるメンバーに中国語圏の検索エンジンを活用したリサーチを依頼することがあります。
　言語に合わせた検索エンジンの活用を考える際、身近にその言語を操れるメンバーを探して、調べてもらうということも必要かもしれません。

Point 3 文献検索

◼ インターネット時代でも文献の有用性は高い

　先に述べた「Web検索」は、業界・商品・企業等についての基本的な事実を把握するために有効な手法ですが、正確に事実を把握するためにはWebに散在する玉石混淆の情報から、信憑性の高い意味ある情報を取捨選択し、さらにそれらを整理・体系化する必要があります。

　一方でいわゆる文献（一般書籍）は、ある特定のテーマに対し、著者によって既に情報が収集・選択され体系化されていますので、Web検索のような収集・選択・体系化という手間がかかりません。もちろん「読む」手間がかかるのですが、これは後述のコツにより効率化可能です。リサーチにおけるデータソースとして、文献を活用することが有効であることは間違いありません。

　しかしながら世の中には無数の文献があり、「どの本を選んだよいのかわからない」「実際購入してみたものの、全然参考にならなかった」というケースは多々あります。ではどうやったら欲しい情報にたどり着くのでしょうか。本節ではその実践的な利用シーン・テクニックについて触れたいと思います。

◼ 主な使用シーン

　Web検索では、調べたい領域に対するザックリとした情報を手っ取り早く掴むことができる一方、「全体像がいまいち把握できない」「その事象の背景や意図がわからない」というケースが往々にしてあります。そうした際

に、専門家が時間をかけて整理した文献にあたることによって、情報の体系的・構造的整理をスムーズに行うことができます。

特に特定の業界や企業、あるいは特定の業務領域やトレンドなど、ある程度調べる対象範囲が絞りこまれた段階で文献にあたるのがリサーチ上有効です。また、文献の特性上、得られる情報は定量的なデータというよりはむしろ定性的な事実が主となりますので、様々な事例を調べる際のデータソースとしても有効です。

◤ ルール：まずは業界本をクイックに通読し、キーワードを掴む

例えば、新しいサービスや事業を開始する際、ターゲットとなる業界についての理解を深める場合、いわゆる"業界本"を手に取る機会が多いと思いますが、調べる目的・内容が何であれ、まずはこれら業界本をクイックに読むことが定石です。

"業界本"とは、いわゆる「よくわかる○○業界・○○ビジネス」「○○業界大研究」といった、就職活動中の学生が良く手に触れる類の業界研究本のことですが、まずはこれで充分です。大抵の場合、その業界における市場・消費者の動向、生産から販売までのバリューチェーンの構造やその業界で働く人・働き方の特徴といった基本的な情報とともに、直近の業界のトレンドについても書かれていますので、その業界の全体感をつかむのに最適です。

ただし、この手の本の情報自体から新しい示唆を得られることは基本的にありません。ですから、時間をかけて深く読み込むのではなく、リサーチ対象の業界や企業が置かれている環境を素早く理解するとともに、今後リサーチを進める上での重要な手がかりとなりそうなキーワードを把握することが、業界本を読む目的となります。従って業界本は、なるべく広く・浅く網羅的に業界をとらえ、かつ情報鮮度がよいもの（最近出版されたもの）を選ぶことが肝要です。

◾ ルール：専門書は精読せず、頭の中にインデックスをつける程度に読み流す

業界本である程度概観をつかんだら、次はリサーチ対象となるテーマに特化した専門書を読むことになります。しかしながらこの段階ではまだ深く内容を理解するまで精読することはお勧めしません。文献、特に専門書は、著者が何かしらのメッセージを伝えるために記述したものであるため、そのための事実の提示とその事実に基づいた論旨展開がなされており、必ずしもそれらの内容が自分の調べたい内容に合致しているとは限りません。

リサーチの際に文献にあたる目的は、あくまでも自らが証明したい仮説を裏付ける根拠となる事実を得ることなので、その"証明したい仮説"と得たい"事実"が明確になるまでは精読する必要ありません。それがないままいきなり専門的な内容が書かれた書籍を全て読み通して理解しようとすると、「時間がかかった割には、リサーチを進めるにあたっては何も参考にならない」という状況に陥ってしまいます。

ビジネスにおけるリサーチなので、読み込みすぎてスピードが落ちてしまってはいけません。リサーチの初期段階においては、文献はさらっと全体を読み流し、「その文献において何が書かれているのか？」「どのような事実情報があるのか？」という"使えそうな情報"のインデックス（＝目次）を頭に入れておきます。そして、それが記載されているページには後日参照できるように付箋を付けておくくらいがちょうどよい読み方です。後日リサーチが進んだ段階で、証明したい仮説や欲しい事実が明確になった時点で、改めて必要な個所のみ個別に深掘りして読み込むのが最も効率的です。

◾ ルール：同一テーマで最低3冊は読む

先述の通り、1冊毎の精読はする必要がありませんが、一方でテーマ毎にどのような論点があるのかという肌感覚を養うには、ある程度の情報量の蓄積がどうしても必要となります。このため、少なくとも同一テーマで3冊程度は読むことをお勧めします。

いかなる文献も、どうしても著者のバイアスがかかっていますし、1冊のみですとそもそも情報の網羅性が担保されないリスクがつきまといます。そのリスクをヘッジするために複数冊を読むことが必要となるわけですが、同時に1冊目を基準として2冊目、3冊目を比較して読むことで、著者によるメッセージの差異を把握することができ、当該テーマにおける通説や論点が浮かび上がってくるものです。

◤ テクニック："参考文献"リストが充実しているかを確認

　業界本や専門書、経営者本、企業本など、文献検索で読むべき本は様々ですが、いずれの場合においてもまずは"文献を選ぶ"ことが最初のステップとなります。目的・文献タイプに応じて目次を見つつ網羅性や専門性を見極めて選んでいくことになりますが、いずれのタイプの文献においても、選定する際の基準として意識すべきなのが"参考文献の充実度"です。

　理由は単純で、①多種多様な情報ソースから書かれているため信頼性が高いこと、②更に深く調べる際に参考となる情報ソースを一気に広げることが可能なこと、の2点です。知識・情報のハブとなるような文献を見つけさえすれば、その後のリサーチの拡がりと深さが飛躍的に向上するので、文献の選定の際には巻末の参考文献のチェックを怠らないことが肝要です。

　これはリサーチに限ったことではありませんが、とある文献を読んだ際に、巻末の参考文献に記載されている文献に実際にあたってみるということを心がけることは、知識ネットワークを広げるのに極めて有効です。一つの情報を入手する際に、その源流となる情報、関連する情報をタグ付けしながら、頭の中に放り込んでいく癖をつけておくと、入ってくる情報の偏りも少なくなり、情報の信憑性に対する自信も身に付きます。

◤ ルール：ファクトと主張を見極める

　日常業務の中で、様々な情報・知識を書籍から引用するケースもあると思います。しかしながら、自らの業務を進める中で、必要な情報・知識を何と

してでも集めようと思う気持ちが強く、しばしば引用の仕方が我田引水になるケースがあります。ここでは、ファクトと主張を見極める際のチェック項目を記しますので、参考にしていただければと思います。

まず手に取った書籍が"調査ベースの書籍"なのか"主張ベースの書籍"なのか、ということを自分なりに見極めてから読み始めることです。"調査ベースの書籍"であれば、必ず調査結果や客観性や信用性を担保した参考文献から主張が組み立てられているはずですので、引用元に留意して読み進めていけば、ファクトの信頼性を見誤るリスクは低く抑えることができます。

一方、"主張ベースの書籍"を読む場合は、筆者が「言いたいこと」にファクトの解釈が歪められていないかを意識しながら読み進める必要があります。そのためには、文章の末尾に着目します。例えば以下のような表現の場合は、"本当にそうなのか"と疑問を持つべきです。筆者の主張ですから悪意はないものの、主張なので、過度に引っ張られてはいけません。

（推論）〜〜することはないだろう。〜〜の可能性は低い。〜〜のことが多い
（断定／主張）〜〜するのである。するべきである
（強いキーワード）〜〜は絶望的である。〜〜が深刻である

筆者は強く推論／断定／主張しているが、"なぜそう推論／断定／主張しているのか"のファクト部分に目を向けることが重要です。

そして文章中の数字をすべて鵜呑みにしてはいけません。数字は強烈なファクトになりますが、書籍から抜粋する数字はしばしば我田引水になりがちです。例えば、"高齢化に伴うシニア市場"の市場規模を探しているとします。そして、ある文献に"シニアによる消費総額が〇〇兆円"という一文を見つけたとします。ここですぐその数字を使いたくなりますが、その前にいくつか自分に問いかけなければなりません。例えば以下のような問いです。

（Where）対象となる国／地域は？
（What）対象となる市場は？　サービスは？　製品は？

（Who）　対象となる顧客セグメントは？　シニアの定義は？

すると、「この数字だけで判断して良いのか?」と不安になってくるはずです。数字は複数ソースから多角的に確認をする必要が出てくることがわかるはずです。

そして、最後に重要な事実をお伝えしておくと、"書籍であっても売れるために書かれていることがある"ということです。当然のことながら読者の気持ちを掴むためには、"キャッチー"であることが重要です。しばしば、ファクトも"キャッチー"に使われることもあります。大事なマインドは、"ファクトに常に批判的に目を向けて見つめ続けること"です。キャッチーな主張だけにとらわれないようにしなければなりません。

◥ テクニック：経営者・特定企業についての本は、ストーリーではなくファクトに着目

テーマ毎の専門書と同じく、リサーチにおいて大変有効な情報源となり得るのが、ビジネスを創り上げてきた経営者についての本や特定企業の成長の軌跡・ノウハウを披露する「経営者本」「企業本」です。多くは創業者や企業経営者が自ら執筆していたり、新聞記者などジャーナリストによる対象者・対象企業への密着取材をもとに書き起こしたものなので、外部の人間では知りえない内部情報を得ることができます。

これら文献は読みやすく、また一ビジネスマンとして読んでいて面白く非常に参考になるわけですが、リサーチを目的とした場合、読み方に注意が必要です。前述の通り、リサーチにおいて文献にあたるのは、あくまでも仮説の論拠となる事実情報を抜き出すことが目的となりますので、その経営者・企業が行ったこと（＝事実）に着目することが肝要となります。

往々にして「経営者本」「企業本」ではその経営者・企業にとっての「大事なこと（経営コンセプトや理念といったところ）」が強調されがちですが、これらは基本的には各経営者・企業独自のものであり、「自社にそのままあてはめられない」ケースがほとんどです。

むしろ、「その経営者・企業が成功（失敗）に向けて何を行ったのか？」「その時の時代背景、おかれている環境はいかなるものであり、どのようなロジックをもとにそれを行うという意思決定に達したのか？」といった事実に着目しながら、そのエッセンスを抽出していくことで、初めて「自社に当てはめた場合に課題となることは何か？」「その課題を乗り越えるためにはどうしたらいいか？」、ということを考えるきっかけとして活用できるようになります。

テクニック：大型書店に定期的に足を運び"選球眼"を養うべし

昨今、アマゾンをはじめとしたネット書籍販売の普及に伴い、書店に行かずとも簡単に書籍が買える時代となりました。試し読みもできる機能もあり、リアルな書店での購買経験に近づきつつあるのに加え、リコメンド機能で自分が欲しいと思っている書籍を自動的に推奨してくれます。また書評を通じて購入する前からその書籍の良し悪しもある程度把握可能です。私たちも当然その利便性からネット書籍販売サービスを頻繁に活用しています。しかし、一方で街の書店、特に大型書店にも足しげく通っているのも事実です。

短期間で必要な知識・必要な情報を入手できるコンサルタントの特徴は、お気にいりの書店があり、週に1～2回は自ら足を運んでいることです。その時のプロジェクトとは直接関係なくても、「新刊はないか？」「どんなテーマが流行しているか？」「そのテーマの専門書はどれくらい幅広く存在しているのか？」等、常にアンテナを張っています。

書店の棚に並ぶ書籍の変化を時代の変化に重ね合わせて捉えていくことは、自らの情報感度を向上させるために有効であり、また常日頃から書籍を手に取って中身を確認することで、書籍を選ぶ際の"選球眼"を養うことができます。リサーチのみならずビジネスマンとしてのスキルアップのためにも、日々の生活の中に書店通いを組み込んでいくのがよいでしょう。

◤ テクニック：恐れず著者に直接連絡をとってみる

　本を読んで、もしわからないことがあったら、Web検索や出版社への連絡を通じて、著者に直接連絡を取り、聞いてみる姿勢も重要です。

　通常、著者は執筆の過程において膨大な情報を収集しているもので、執筆や編集の過程でそぎ落とされた情報もありますので、聞いてみることで初めて得られる情報も多々あります。特に研究者の方々は、自分の知り得た情報や、自ら体系化した知識・知恵が実業界において有効活用されることを積極的に支援してくださる場合が多いものなので、連絡してみると案外好意的だったりします。

　第1章で述べた通り、欲しい情報は執念で取りに行くものです。はなから諦めることなく、ダメモトでもよいので直接著者に連絡してみると案外いい情報が得られるかもしれません。

Column

3冊の本からでも未知のテーマの知見を得ることができる

　コンサルタントは、詳しく知らないテーマに対しても、短期間で一定の見識を身に付けることが求められます。例えば、顧客企業がアフリカ市場への進出を思い描いているとして、「アフリカ市場のリスクってどうなのかな？」と漠然と問われることがあります。

　一般的には、PEST（Political、Economic、Social、Technological）分析という手法がよく知られていますが、政治・経済・社会・技術面で調べる、というだけでは、一般的すぎてまだ作業には着手できません。経済学者や地域研究者であればゼロから調べることもあるでしょうが、ことビジネスにおいては、各側面において、昨今どのようなことが喧伝されているかをまずざっと掴み、それを自社ビジ

ネスに関連づけるとどういう影響がありうるかを考え、その上で、裏付ける定量データや実例を収集するほうが効率的です。

このような場合、例えば「アフリカ経済の今」や「主なリスクファクターは何か」という肌感覚を身に付けるべく、アフリカをテーマとして扱っている文献を最低3冊は購入し、ざっと読み通しながらキーワードを見つけに行きます。いわば"濫読"です。具体的なイメージを持って頂くため、例として書名を挙げてみます。

1冊目は、『アフリカビジネス』(日経BPムック　日経ビジネス)という、いわゆるムックを購入します。図表や写真がふんだんに掲載されており、雑誌のように眺めながら、視覚的に大枠で物事をとらえることが目的です。

2冊目は、もう少しだけ固い本、『経済大陸アフリカ』(中公新書)を読んでみます。著者はアフリカを中心とした地域研究者であり、学識者の視点からアフリカ経済がどのように捉えられているかを垣間見ることができます。固いと言っても新書ですので、肩肘張らずに読み通すことができます。意外と、知識がなくても読み通せる程度の固さ、というのは重要です。

3冊目は、『アフリカビジネス』(経済産業省貿易経済協力局通商金融経済協力課 編　経済産業調査会)です。こちらは経済産業省による調査結果をまとめた資料集としての位置づけで購入しました。

3冊をざっと眺めつつ、共通するキーワードを抜き出してみました。このキーワード集について、同じようなものはグルーピングして整理してみると、次ページの図表2-5のようにまとめることができます。

このように自分なりにホットトピックを整理した上で、必要であれば更にそれを裏付けるファクト(データや実例など)を収集します(このためにも、参考文献リストが充実しているかは、文献選択の際に注意します)。こうすることで、世間に出回っている一般的なリスクのコピー&ペーストに留まらない、自分なりの視角からの、いわば"差がつく"リサーチが可能になります。

図表2-5　アフリカにおける市場のリスク

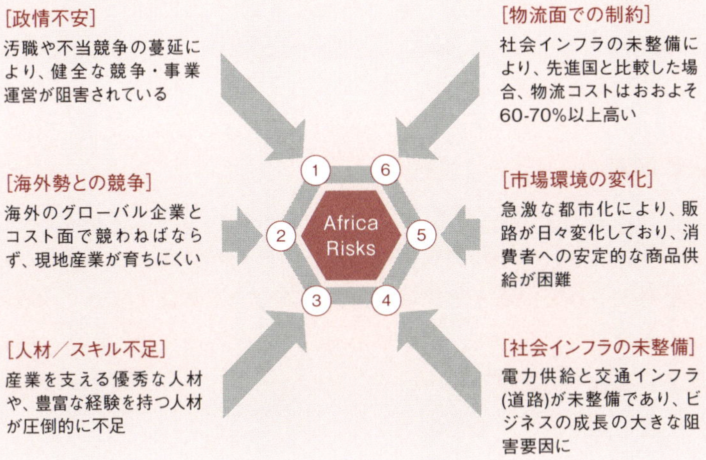

[政情不安]
汚職や不当競争の蔓延により、健全な競争・事業運営が阻害されている

[物流面での制約]
社会インフラの未整備により、先進国と比較した場合、物流コストはおおよそ60-70%以上高い

[海外勢との競争]
海外のグローバル企業とコスト面で競わねばならず、現地産業が育ちにくい

[市場環境の変化]
急激な都市化により、販路が日々変化しており、消費者への安定的な商品供給が困難

[人材／スキル不足]
産業を支える優秀な人材や、豊富な経験を持つ人材が圧倒的に不足

[社会インフラの未整備]
電力供給と交通インフラ(道路)が未整備であり、ビジネスの成長の大きな阻害要因に

中央: Africa Risks（①〜⑥）

アクセンチュア作成

Point 4　記事検索

◧ 記事検索のメリットと注意点

　読者の皆さんも日々の情報収集の為に、新聞や経済誌をはじめとした各種専門誌を購読されているかと思います。これらの記事はマスコミの取材や企業広報に基づいているので、信憑性が高いことが特徴です。すでに要点がある程度まとまっている場合が多い為、私たちのようなコンサルタントも情報ソースとしても活用する機会が多々あります。

　一方で記事を単純に転記したようなリサーチ内容では、示唆に乏しく、ビジネスで有効なリサーチとはなりえません。ここでは、効率的な記事検索のやり方を、実際のリサーチ例を踏まえて紹介します。

◧ 主な使用シーン

　「特定のテーマ（M&A、業務改革、先進的なIT導入etc..）に関する事例を調べる」「ある企業の経営改革の経緯や、特定業界における業界再編の経緯を調べる」といったリサーチをする際は、調査会社が販売している市場調査レポートを活用するのも一つの手かもしれません。しかし、本当に自分が知りたい情報があるレポートに都合よくまとまっていることはほとんどなく、また幸いにしてそんなレポートがあったとしても、レポート発行時点（調査時点は更に前になる）と現在とのタイムラグを埋める必要が出てきます。

　そのような時にも記事検索は、リサーチにおける有効なアプローチとなります。

◪ ルール：お気に入りの記事検索ツールを見つける

　グーグル検索でも記事検索をすることは可能ですが、効率を考えると有料ツールを使うことがオススメです。ここでは貴重な時間を短縮する為のおすすめ有料検索ツールをご紹介します。

・日経テレコン21
　主に日経系新聞の過去記事、日経系雑誌のバックナンバーを見たい場合に有効。

・G-SEARCH
　日本最大級のビジネスデータベースサービス。主に日経以外の全国紙、業界紙を見たい場合（全国紙、ブロック紙、地方紙の記事全文等の情報、企業概要、財務、人事等、企業に関する情報、各業界の専門紙の記事全文等の情報等を提供）

　なお、国立国会図書館の「リサーチ・ナビ」（http://rnavi.ndl.go.jp/）というWebサイトには、Web上で無料記事検索できるサイトが紹介されています。ご参考までに紹介しておきます。

◪ テクニック：海外の記事検索ツールにもトライする

　Dow Jones Factivaのように、海外の新聞・雑誌等のメディアをカバーしているツールも存在します。適宜、活用してみましょう。

・Dow Jones Factiva
　多種多様な言語、海外メディアの新聞、雑誌などの記事検索が可能。日経系の新聞・雑誌検索は不可。

・The Economist Historic Archive
19世紀半ばから現代に至る世界の政治、経済、科学、技術、文化に関するグローバルな週刊誌を創刊号以降、完全な形で、オンラインで利用できる。

・JIJI－WEB
時事通信社が全国の新聞社、テレビ局などに配信するニュースと同等の内容を確認できるデータベース。政治、社会のほか時事通信の強みである経済、企業、国際情勢など、過去10年分の検索が可能。ロイターやAFP、新華社など提携通信社のニュースも閲覧可能。

◢ テクニック：尖ったキーワードや固有名を"芋づる式"に見つける

　Web検索と同様に、記事検索でも「代替ワードを探す×組み合わせる」というテクニックは有効ですが、それ以上に手がかりとなる"見慣れない"キーワードを見つけられるかどうかが、深い情報を取れるかどうかの分かれ目となります。

　たとえば、インドの流通構造や具体的な流通構造の構築事例についてリサーチすることになったとします。この場合、海外の記事検索にトライして、「India Distribution model（インドの流通構造）」や「India Channel structure（インドの販売チャネル構造）」といった一般的なキーワードで検索しても、面白い事実は見つかりにくいものです。

　この場合、カギとなるキーワードは、「C&FA」や「Kirana store（キラナ）」といったインドにおける独特の流通プレーヤーの名称です。これを見つけるためには、まずは一般的なキーワードで検索し、出てきた記事の中から、見たことのないキーワードを意識して探すようにします。例えば、「インドの流通構造」と検索すると、JETROの資料がヒットしますが、この資料の中に「C&FA」「キラナ」というキーワードが出てきます。

　ここでさらに、「C&FA」というキーワードで検索してみると、C&FAというのはCarrying & Forwarding Agentsの略称で、日本の8.7倍の国土を持

つインド市場において、メーカーにとって重要な役割を果たしている独特の中間倉庫・物流業者であることがわかってきます。日本では、メーカーが自前で持っている配送センターを使うケースが多いので、これはインドの流通構造を把握する上で、おさえておくべき常識といえるでしょう。

同様に、「Kirana store」というのも耳慣れないフレーズです。これを手がかりに検索をかけてみると、インドの地方消費者の日々の生活を支えているのは、日本のような小売チェーンやコンビニエンスストアではなく、インド全土に1,200万店を展開する、Kiranaと呼ばれるキオスクのような家族経営の小規模雑貨店であり、その隅々にまで商品を行き渡らせられるかどうかが、市場攻略上極めて重要であることがわかってきます。

個別の企業について調べるのであれば、尚更このテクニックが有効です。例えば新興国における事業展開で一歩先んじているUnileverやP&Gが、インドでどのような取り組みをしているか調べる場合、「Unilever India」や「P&G India」というキーワードからスタートすると、"Project Shakti"や"Project Golden Eye"という固有名詞が見つかります。ここまでくれば、あとはいくらでも深いリサーチに繋げることができます。（これらのキーワードで何が出てくるか、興味がある方はやってみてください）

一般的なキーワードからは一般的な事実しか出てこないものです。このように、特徴的なキーワードを抜き出し、それをまた手がかりに真相に迫っていく、いわば"芋づる式キーワード検索術"が求められます。

◆ テクニック：時系列で事象を追う

例えば化粧品企業のA社が急成長しているので、そのビジネスの背景やKSF（Key Success Factor＝事業で成功する為の要件）をリサーチする場面を考えてみます。IRから情報を取ると、成長の山が何段階かあることと、ある時期から急激に成長していることとがわかりましたが、なぜそのような成長を成し遂げたのかがわかりません。

そこで記事検索の出番です。当該企業に関連する複数の記事とIRの財務データを組み合わせると、図表2-6のようなことがわかりました。

図表2-6　A社の主要施策と売上金額推移

化粧品製造販売企業のA社は、訴求力のある商品と他国でも再利用可能な直販ビジネスモデルで一気にグローバル化を推し進めました。

[主要施策と売上金額推移（'88 – '09）]

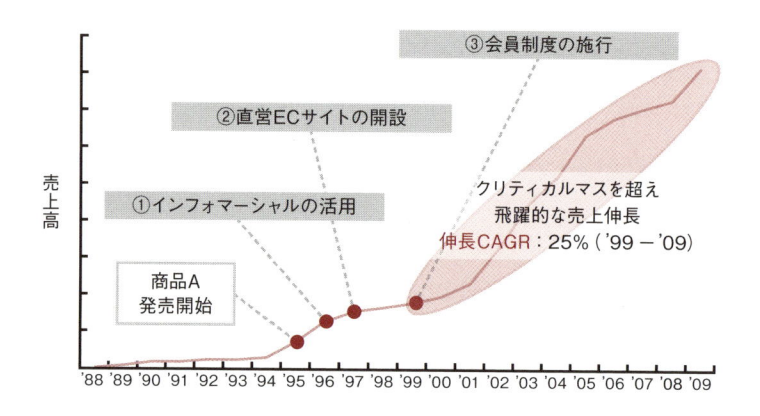

縦軸：売上高
横軸：'88 '89 '90 '91 '92 '93 '94 '95 '96 '97 '98 '99 '00 '01 '02 '03 '04 '05 '06 '07 '08 '09

- ①インフォマーシャルの活用
- ②直営ECサイトの開設
- ③会員制度の施行
- 商品A発売開始
- クリティカルマスを超え飛躍的な売上伸長　伸長CAGR：25%（'99－'09）

TVショッピングを始めたことを契機に成長路線になったものの後に成長が鈍化、返金保証の直営ECサイトを立ち上げることで緩やかに成長力が回復、更に会員制度を設けて顧客との双方向コミュニケーションで丁寧なフォローを行うことでロイヤリティを高めることに成功し成長力が確固たるものに。確立された直販ビジネスモデルを各国でカスタマイズしながら一気にグローバル展開したことで飛躍的な成長を遂げた。

出所：報道記事およびA社IR資料よりアクセンチュア作成

　また、大手企業であれば業界紙等で社長・本部長クラスの幹部が、業界動向や経営戦略を語っているインタビュー記事が出てきます。これらを時系列で追うことで業界の動向や各企業の戦略の方向性を掴むこともできます。

　実は私たちコンサルタントもこれまでお付き合いの少ない企業の依頼を受ける際は、こういったインタビュー記事を一通り把握することをプロジェクト開始前に実施することがよくあります。定量データに記事検索で得られる様々なファクトを組み合わせることによって、より示唆のあるリサーチアウ

トプットが作成できるようになります。

> **Column**
>
> ## 自分なりのデータソースリストを作る
>
> 　記事検索をしていると、思わぬ有用な情報ソースにたどり着くこともあります。ある業界のグローバルでの動向を探るため、世界中のメディアの記事検索をした時の話ですが、ドイツのメジャーな全国紙の一つにDie weltというものがあり、紙面上でライフスタイルの特集記事を出していることがわかりました。
>
> 　ここでは日本ではなかなか知ることができない海外における市場トレンドをいろいろと知ることができ、かつWeb上から無料で記事を読むことができるため、定期的にチェックするリストに加えました。
>
> 　こうして自分なりのデータソースをコツコツとアップデートすることも、リサーチ力を高めるためには必要です。

Point 5 公的調査・統計活用

◆ 無料で信頼性も高いリサーチの鉄板技法

　行政や各種公共団体から公表されているデータは、ほとんどが無料で入手でき、かつ比較的信頼性も高い情報源ですから、使わない手はありません。すでに習熟している方にとってはなんということはない情報収集の基本かもしれませんが、初めは「どこに何があるのか」「どのような点に注意して使うべきなのか」を、手探りでの試行錯誤を経験しながら慣れていくことになります。

　ここからは、その試行錯誤プロセスを軽減すべく、公的調査や統計活用における基本的なリサーチの仕方や、データを見る際に注意すべきポイントについて解説していきます。

◆ 主な使用シーン

　公的調査・統計情報は、国や地域、業界のマクロなトレンドを数値で追う場合や、市場規模など様々な推計をする際のベースデータとなります。特に人口動態とか物価指数といった国家単位での調査が必要となるデータは民間調査レポートではとれませんので、公的調査・統計情報は重要な情報源となります。

　一方で、公表されているデータはあくまでベースデータであり、このデータだけではインサイトは出ません。実際のリサーチでは、公表されているデータ同士、あるいは公表データ×自主調査データなどを組み合わせて使うことが求められます。

◤ テクニック：総務省統計局をハブとして活用する

　ひとくちに国際機関といっても、例えば通貨や金利に関しては国際通貨基金（IMF）、労働力ならば国際労働機関（ILO）、一次産品であれば国際連合食糧農業機関（FAO）や経済協力開発機構（OECD）など、分野によってあたるべき情報源は異なります。欲しい情報がどこにありそうかあたりをつけたいときは、総務省統計局のサイト（www.stat.go.jp/info/link/4.htm）で各国際機関の概要が一覧化されていますので、参照するとよいでしょう。

◤ テクニック：海外マクロデータはまずは世界銀行をあたる

　各国の人口、GDP、GNI等のマクロ経済指標を求める場合、まずは「世界開発指標（World Development Indicators、WDI）」（http://data.worldbank.org/country/japan/japanese）をあたります。これは世界銀行が運営しているデータベースで、214の国・地域の行政・中央銀行と連携し、過去50年分以上のデータを所蔵しており、1,300の時系列指標など数多くの指標を参照することができます。ランキングやグラフとして表示することもできるので、非常に便利なソースです。

◤ ルール：国際比較には個別の政府機関でなく国際機関の統計を活用する

　各国の政府機関にも基本的に統計情報は載っています。しかし、情報公開の進んでいる先進国以外では、十分なデータが公開されていない（そもそも統計がとれていない）ことが多々あります。また、データが公開されていたとしても、データの収集方法や定義が異なっているなど、国際比較に使うには注意が必要です。
　その点、国際機関の統計は、各国のデータが一元的に見られるので効率的ですし、国連が中心となって作成している「国民経済計算（System of National Accounts、通称SNA）」という体系に基づいてデータ収集方法や集

計方法が標準化されていますので、基準が揃っているという点でも安全です。

◼ テクニック：国内マクロデータはまずはe-Statをあたる

　日本の統計に関しても、省庁ごとに似たような統計があったり、公開方法が異なっていたりするため、個別省庁を直接あたるのは得策ではありません。

　政府系の統計データを探す場合は、まず総務省統計局が中心となって運営している「政府統計の総合窓口」e-Statを見てみましょう。総合窓口というだけあって、これさえ見れば政府系の統計はほぼカバーできます。収録されているデータは極めて多岐に亘るため、質問に答えていくと、欲しいデータがみつかる「e-Statナビ」というサイトも準備されています。

　なお、統計局は「統計メールニュース・サービス」というメールマガジンも提供しています。月初、月中、月末程度の定期で、どのような統計が新し

図表2-7　統計メールニュースサービスのサンプル

```
                                                   総務省統計局
                                            http://www.stat.go.jp

================================================================
統計メールニュース No.760(2015.7.31)
このメールは,配信登録された方に無料で送信しています。
================================================================
【本日の公表データ】
■労働力調査(基本集計：平成27年6月分)
○就業者数は6425万人と,1年前に比べ36万人の増加。7か月連続の増加。
○完全失業者数は224万人と,1年前に比べ21万人の減少。61か月連続の減少。
○完全失業率(季節調整値)は3.4%と,前月に比べ0.1ポイントの上昇。
　　http://www.stat.go.jp/data/roudou/sokuhou/tsuki/index.htm

■消費者物価指数(全国・平成27年6月分) (平成22年=100)
○総合指数は103.8と,前月に比べ0.2%の下落,1年前に比べ0.4%の上昇。
```

出所：総務省統計局

く公開されたかを簡潔に伝えてくれるサービスで、これをざっと眺めておくだけでも、何か統計を探そうというときに、「そういえばメールに載っていたな」と思い出すことができます。

Column 「ネ申エクセル」について

　官公庁が公開しているデータは非常な有益な情報源として活用できますが、Excelの行高・列幅や、改行・スペース等に独特な加工がなされており、再加工時に注意が必要なものがあります。

　これは、少し前に「ネ申エクセル問題」として三重大学の情報学の専門家、奥村晴彦教授が論文を発表して多くの共感を集めました。「神」が「ネ申」になっているのはいわゆるネットスラングで、

図表2-8　ネ申エクセルのイメージ

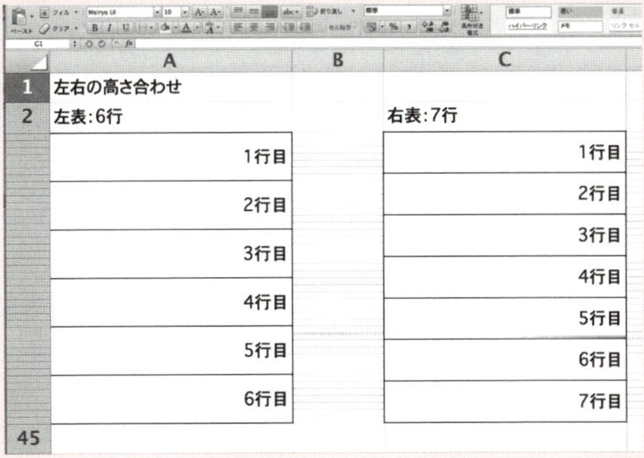

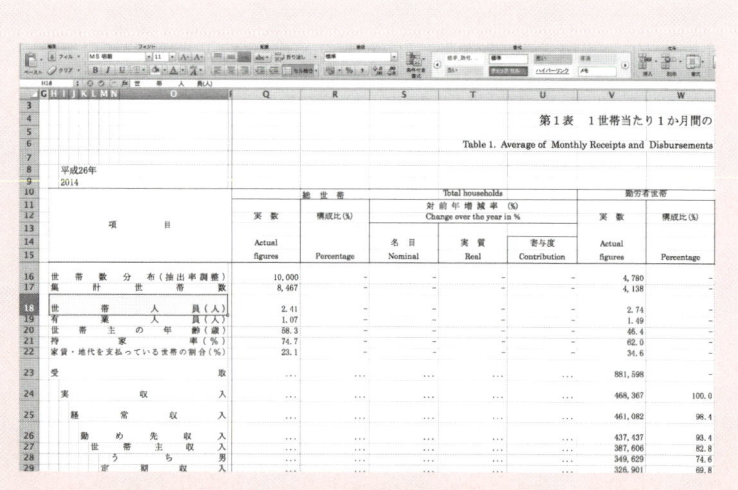

出典元：『美しき紙(ネ申) 文化! データとしての再利用を妨げる役所風「ネ申Excel」』
http://matome.naver.jp/odai/2136756323322197701

要するに「ものすごい」「人間技とは思えない」といった意味です。また、「紙への出力しか考えていない」という意味も含んでいるそうです。なぜこれが「問題」なのかというと、ダウンロードしたデータは、他のデータと組み合わせたり、くくりを変えて集計し直したりと、加工して使うことがほとんどであるにもかかわらず、このように独特な形式で表が作られているとそれが極めて困難になるからです。ですので、国内統計を活用する際には加工にひと手間かかることを念頭において臨みましょう。

◤ テクニック：特定の業界についてはまずは業界団体をあたる

　官公庁が発表しているデータは、カバー範囲が広い代わりに深さは求められません。特定の業界、例えばアルコール飲料業界でいえば、カテゴリー別市場規模くらいなら取得できるかもしれませんが、さらに細かい情報、例え

ばビールの容器別（樽・缶・瓶など）年次生産量推移、といった細かいデータまでは入手できません。

そのような場合に心強いデータソースは、省庁の外郭団体や、各業界の業界団体の統計レポートです。この例で言えば、ビール各社が加盟している「ビール酒造組合」のサイト上で、無料公開されています。

自分がリサーチしようとしている業界ではどのような団体があって、どんなデータを公表しているのか、一度概観してみることをお勧めします。

◾ テクニック：未公開データでも制度を活用して獲得する

官公庁や独立行政法人が公開しているデータや資料を使おうとするときに、切り口を変えて（データの粒度を変えて）見たい場合があります。例えば、性別・年代別・カテゴリー別の消費支出が公開されているが、さらに地域別にも消費動向を見たい、といった場合です。公的機関が公表しているのは、膨大な調査結果の一部に過ぎませんので、公開データの裏には集計前のデータがあるはずです。

まず試してみるべきは、官公庁であっても直接連絡して尋ねてみることです。相談に乗ってもらうことができたり、詳細データの取得方法を案内してくれたりすることもあります。

参考までにご紹介すると、「オーダーメード集計」制度*というものがあります。「オーダーメード集計」とは、利用したい統計表が公表されていない場合に、任意のフォーマットでの統計データを厚生労働省に依頼できる制度です。

*http://www.mhlw.go.jp/toukei/itaku/order.html

また、「匿名データの提供」*という制度もあります。これは、行政が実施した統計調査の個票データを、個人や団体が識別できないよう加工した上で、一般に提供する制度です。

*http://www.mhlw.go.jp/toukei/itaku/tokumei.html

ただし、どちらの制度も学術研究を目的とした請求しか認められていないということに注意してください。

集計前のデータではなく、何らかの「文書」を取得したい場合には、「情報公開請求制度」を試してみる手もあります。2001年に施行された「情報公開法」では、行政機関や独立行政法人に対して誰でも情報公開を求めることができ、また原則として開示される、と定められています。事実、公開請求に対して約9割の文書が開示されているようです。

注意点としては、個人や国家安全保障に関する情報は開示されないこと、開示請求には1件につき300円（オンラインでの請求の場合は200円）の手数料が必要で、開示・非開示の結果通知には30日程度かかる、ということが挙げられます。

◆ ルール：調査頻度・サンプル数に着目する

ここからは、公的調査・統計データを使う上で、注意すべきポイントをいくつか紹介します。最初に、調査頻度とサンプル数についてです。

例えば、国内の消費・支出の水準の動向を捉える場合、実は複数の調査があり、それぞれに下記のようなメリット・デメリットがあります。

総務省統計局の「全国消費実態調査」
…サンプル数は大きいが、5年に1回の実施で、直近の動向は捉えにくい
⇒大きなトレンドを捉えるときに有効

総務省統計局の「家計調査」
…毎月発表されるが、サンプル数が小さいので変動が大きい
⇒速報性が求められるときに有効

このように、政府統計だからといってすぐに飛びつくのではなく、その調査のやり方や短所長所を確かめるようにしましょう。政府統計であれば、統計の概要として、サンプル数や実施時期は必ず明記されています。

なお家計支出については上記2つの調査の他に、所得再分配調査、国民生活基礎調査からも同様に把握することが可能です。

▶ ルール：指標の定義や算出方法に気を付ける

よくニュースなどで耳にする「消費者物価指数（Consumer Price Index、通称CPI）」とは、日本国内の世帯が購入する、財やサービスの平均的な価格を指数化したものです。総務省が「家計調査」から「世帯が何に対して多く支出しているか」ということに基づいて基準となる品目を決め、その品目の価格を「小売物価統計調査」から算出し、毎月公表しています。景気動向を生活者の視点から把握する目的でよく使われる指標です。

消費者物価指数を見る際に留意すべきポイントは、「原数値」と「季節調整値」の違いです。消費者物価指数は月次で公表されているもので、前年同月と比べてみる場合には問題ないのですが、先月と比べてどうか、という見方をしたい場合に、困ったことが起こります。

例えば1年の中でも、「夏は暑いのでアイスやビールがよく売れる」「何かと支出の多い年末年始後の2月や暑さの厳しい8月は支出が下がる（「ニッパチ」といいます）」、あるいは「シーズンの始めは高値で終わり頃になってくるとセールで値下がりする」といった、毎年決まった季節的な変動があります。これを無視して単純に比較すると、トレンドを大きく見誤ることになります。そういった周期的な変動を除いたものを、「季節調整値」として公表してくれているのです。物価指数だけでなく、GDPや完全失業率など季節性がある指標は皆、この季節調整値が公表されています。

また、国内総生産（GDP）もよく耳にする経済指標の一つですが、GDPには「名目GDP」と「実質GDP」があります。「名目」とは、私たちが実際に支払う額面通り、ということで、一方「実質」とは、物価変動の影響を取り除いたものです。例えばある年に100円で買えたものが、翌年に、例えば原材料の値上がりで150円になり、生産量は変わらなかったとします。これは、生産されている財の実質的な価値は変化していないにもかかわらず、財の額が増えたということになります。極めて単純化すると、この場合実質

GDPは変わらず、名目GDPは1.5倍になったということになります。一方、価格は100円のまま、生産能力や需要が増えて生産量が1.5倍になった場合、名目GDPは1.5倍、実質GDPも1.5倍となります。さらに言うならば、生産コストが下がって価格が50円になり、生産量が2倍になった場合では、名目GDPは変わらず、実質GDPは2倍になります。

要するに、名目GDPでわかるのは、物価上昇の影響と経済成長の影響を合算したもの、実質GDPでわかるのは生産性や実需の変化率ということになります[*3]。指標の表す変化をきちんと理解した上で、場合によって使い分けることの重要性がおわかり頂けるかと思います。

テクニック：基準の揃え方にこだわる

複数の国の消費水準や物価水準やGDPを比較して、どのくらいの開きがあるのかを見る、といった場合、最も重要なことは、「いかに基準を揃えるか」ということです。

例えば、2014年の米国のGDPは約17兆USドル、対して日本は約530兆円です。これをどう比較すべきでしょうか。単位を揃えなければ比較できないので、わかりやすくUSドルか日本円に換算して比較しようとするわけですが、単純に実効為替レートで通貨換算してしまうと問題が出てきます。為替レートは、1）貿易の対象にはならない国内の物価（教育、医療、建設、政府サービス等）は反映されない、2）投機や国家間の資本移動の影響を受けやすい、3）国によっては各国中央銀行の介入を受けるという特性があります。国によって、経済に占める国際貿易の割合は異なりますし、今後の経済発展の見通しによる投機マネーの集中度合いで評価されてしまうことになり、その時点での経済力（この場合は国内総生産）がきちんと反映されていないことになるのです。

---

*3 名目GDPを実質GDPで割ると、インフレあるいはデフレの程度を表す指数（GDPデフレータと呼ばれています）になります。

こういった問題への対処法として、より正確な比較方法とされているのが、購買力平価（Purchasing Power Parity、通称PPP）による換算です。購買力平価とは、「同じ物品を買うのにいくら必要か」というモノ基準で通貨の価値を推定する考え方で、1921年にスウェーデンの経済学者グスタフ・カッセルによって提唱されました。この考え方に則れば、例えば食パン1斤がアメリカでは1ドル80セント、日本では230円だったとすると、230÷1.8で1ドル＝128円となります。これを世界銀行の「国際比較プログラム（International Comparison Program）」が全世界規模で算出しています。

　実務上は実効為替レートで簡易的に換算してしまうことが多いのも事実なのですが、経済学の領域においては、経済力の国際比較ではPPPレートを使うことが基本的なやり方ですので、経済発展著しい新興国や、中央銀行の介入が為替レート決定に大きな影響を及ぼしている国を含めた比較をしようとする場合のために、PPPレートによる換算という方法があるということも覚えておいてください。

　ちなみに、この購買力平価の考え方に基づいて、各国の経済を横並びで比較するための指標として有名な「ビッグマック指数」というものがあります。これは英国の経済紙『エコノミスト』誌が毎年公表しているもので、世界各国でほぼ同じ品質で販売されているマクドナルドのビッグマックの価格を基準として、各国通貨の為替レートが割高か、割安かを測ろうというものです[*4]。

　経済指標には珍しく身近な物の名前がついていて親しみやすいのですが、各国の消費税率が考慮されていなかったり、各国における関税制度（原材料費に影響）の視点が抜けていたり、また国によってビッグマックの大きさがそもそも異なるなどの限界があります。しかしながら、比較材料が極めて乏しい状況で、クイックに各国の経済状況を把握するためには役立ちます。

[*4]　スターバックスのラテを使った「トール・ラテ指数」も同じような指数として知られる。

◪ テクニック：プッシュ型の情報収集で経済指標を日常に取り入れる

　景気指標や金利や為替などの指標に慣れるためには、日々継続的に触れることがなにより重要ですので、プッシュ型の情報収集で習慣をつけましょう。例えば、多くの金融機関には為替相場情報を毎朝通知してくれるメールサービスがあります。仕事を始める前に、「あれ、昨日より米ドル下がっているな」とか「ユーロ上がっているな」ということを目に入れるだけでも、経済を大局的に見る力が養われ、日中の仕事に向かうときにも違った見方ができるようになるはずです。

　ただし、毎日見るのはせいぜい3〜5指標程度にとどめましょう。あれもこれもと無暗に広げてしまうと、変化を感じるどころか、ただ視界を通り過ぎるだけになってしまいます。物価指数や失業率といった月次で発表されるものは、指標だけでなく解説がついているものをプッシュ型で配信されるようにしておくことをお勧めします。「前月に対して上がったのか下がったのか」「何が影響しているのか」について、アナリストのコメントや解説がついているものを読んだほうが、効率的な情報収集となります。

Point 6　民間調査レポート活用

◆ 民間の調査レポートを使う際の注意点

　特定業界や特定テーマの情報を入手する有効な手立てとして既存の調査レポートを活用することがあげられます。世の中には有料・無料のレポートが種々存在しており、それを入手することで、ある程度深みがあり体系化された情報を効率的に得ることができます。ただし、容易に見えるこのレポート購入も、「実際は買ってみたもののまったく使わなかった（使えなかった）」というようなことに陥ることも少なくありません。
　本節では、そのような落とし穴に陥らないためのキーポイントを紹介します。

◆ 主な使用シーン

　ある程度深みのある情報、特に定量データを最も効率的かつ迅速に得ることのできる手段が「既存の調査レポートを入手する」ことです。世の中には、特定の業界やテーマを調査しレポートとして外販する専門の会社が多々存在しており、そのような会社が発刊しているレポートを購入する（無料の場合もある）のが有効な手であることは言うまでもありません。
　例えば、とある商品セグメントの市場規模や特定技術の市場規模を様々な切り口（地域軸、顧客軸、使用目的軸、価格軸等）で知りたい場合、特にこれまでの実績のみならず今後の予測も含めて知りたい場合に、これら調査会社のレポートを活用するのが有効です。
　筆者の経験上、かなりマニアックなテーマや業界においても、大抵の場合

なにがしかの有料・無料のレポートが存在しています。これらレポートは前述の政府によるマクロデータやWeb検索・記事検索とは異なり、作成した会社の知見をもとに、体系化・構造化されていますし、データも調査会社によってスクリーニングされていますので、Webの情報よりも信憑性が高いと言えるでしょう。また文献のように著者によるバイアスを意識する必要もありません。

ただし、そのまま活用できるとは限りません。例えば、調査レポートによって業界・市場の定義が異なり加工が必要なケース等もあり、あくまでリサーチワークにおける土台となるデータとして位置付けて活用するのがよいでしょう。

◤ ルール：まずはメジャーな調査会社を知っておく

前述の通り、大抵の業界に関してはなにがしかのレポートがあるものであり、これらを作成する調査会社も、幅広い業界を押さえている大手から、特定業界に特化したニッチな調査会社まで様々存在します。

ここでは、幅広い業界を押さえているメジャーどころの調査会社をいくつか紹介します。

図表2-9　調査会社（市場調査系）

社名	特徴
Datamonitor	グローバルベースの定番的な調査会社。電機・通信から自動車、消費財、エネルギー、金融、物流、医薬品・ヘルスケア、小売り等幅広い業界を対象とし、市場調査・分析、主要企業のプロファイルに加え業界動向のニュース配信等のサービスも実施
Euromonitor	こちらもグローバルベースの定番的な調査会社。消費財業界を中心に各業界ごとのそれぞれの市場動向、ホットトピックや主要企業のプロファイル・分析も提供
矢野経済研究所 富士経済	国内を中心に、幅広い業界を対象としたレポートを提供

図表2-10　調査会社（ハイテク業界特化系）

社名	特徴
IDC	両社ともグローバル規模で著名なIT/ハイテク業界特化型調査会社。業界全般の市場規模から個別の技術に至るまで幅広く市場調査・分析を提供。また市場規模の予測に留まらず、テクノロジーのトレンド・発展予測に関しても独自の分析を提供
Gartner	

図表2-11　調査会社（企業調査系）

社名	特徴
帝国データバンク	調査先企業への直接取材をベースとし、沿革、経営者、役員、株主、事業目的、取扱品、取引先、財務内容、今後の見通しや、財務格付け等の情報を提供。両社とも上場のみならず非上場の企業についての情報も提供。企業の信用調査や、顧客データ作成などにも活用される
東京商工リサーチ	

　上記以外にも銀行や証券各社（あるいは傘下のシンクタンク）が、業界動向分析や個別の企業分析（ベンチマーク）のレポートを発行しており、多くは無料で得ることができます。これら金融系各社が出すレポートは、企業各社の財務面についての視点が含まれているのが常であり、財務面でのパフォーマンスを知るのに極めて適していると言えます。

　また海外市場についての情報を得たい場合はJETROの調査レポートを活用するのも手です。JETROは経済産業省の傘下の独立行政法人として日本企業の輸出振興および海外投資の振興をミッションとしており、世界中に拠点があります。その拠点網を活かし、各国・テーマ別の各種調査レポートを発刊し無料で提供しています。特に特定国・テーマでの海外市場の調査や、日系企業の海外ビジネス動向・トレンドに目を向けた調査をする場合には有効な情報源となります。

◤ ステップ①：まずは「社内で探す」

レポートの効率的・効果的な活用方法について見ていくことにしましょう。大きく分けると4つのステップで考えることができます（図表2－12）。

図表2－12　有料レポート活用のステップ

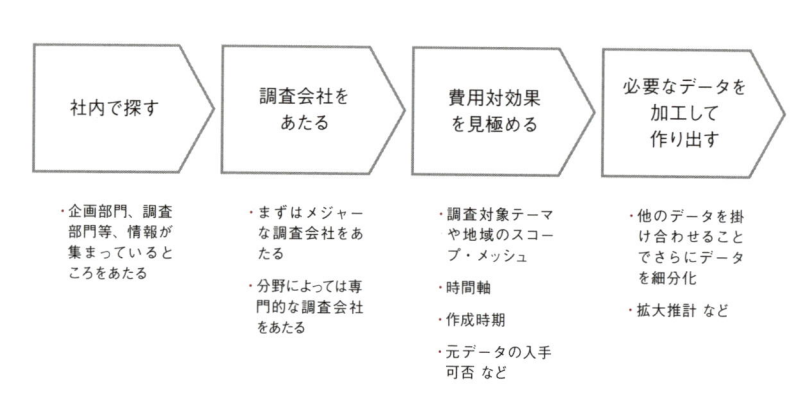

社内で探す	調査会社をあたる	費用対効果を見極める	必要なデータを加工して作り出す
・企画部門、調査部門等、情報が集まっているところをあたる	・まずはメジャーな調査会社をあたる ・分野によっては専門的な調査会社をあたる	・調査対象テーマや地域のスコープ・メッシュ ・時間軸 ・作成時期 ・元データの入手可否　など	・他のデータを掛け合わせることでさらにデータを細分化 ・拡大推計　など

アクセンチュア作成

　まず最初は、とりあえず社内で使えそうなレポートがないか探してみることです。というのも、大概このような調査レポートが必要となる業界やテーマについては、社内においても何らかの調査が過去になされていたり、使えるレポートについては購入経験があるケースが少なからず存在します。従って、まずは社内で知見がありそうな人・部門に、欲しいデータとそのデータが入手できそうなレポートや調査会社について聞いてみる方が早い場合があります。また、この社内確認をやっておかないと、同じ会社や部門内で同一レポートを複数購入してしまっていることが後から判明し、無駄な出費を生じさせる原因にもなりかねません。

　戦略立案や計画立案をする戦略・企画部門においては、大抵そのような定

番のレポートを定期・不定期で購入していることも多いので、まずは第一歩としてそういった部門に確認することをお勧めします。

◆ ステップ②：目的に応じて「調査会社にあたる」

まずは社内であたり、必要なレポートがない場合は、調査会社を活用することになります。その際のポイントをご紹介しましょう。

調査会社は幅広い業界を押さえている大手から、特定業界に特化したニッチな調査会社まで様々存在しますが、まずはその業界で王道ともいえる大手の調査会社からレポート有無を確認していくことが定石となります。その理由の一つは、大手のほうが幅広くデータを持っているので必要なレポートにあたる確率が高い（つまり探す効率が高い）ということです。また、大手であるがゆえにデータの信憑性・信頼性が高い、ということが二つ目の理由として挙げられます。

メジャーな調査会社ではカバーしきれない、ニッチな領域に関するリサーチが必要となるケースもしばしばあります。そのようなケースでは、領域特化型の調査会社を活用することが有効です。

◆ ステップ③：有料レポートは「費用対効果の見極め」が肝要

調査会社は、調査レポートの販売による収入で会社を運営しているわけですから、使えるレポートは有料のものがほとんどです。中には無料のものもありますが、データの鮮度が落ちたり、サマリーのみだったりして深掘りすることはできません。

特にニッチな業界やテーマであればあるほど、購買層も限定されるため、レポート金額が高く設定されがちです。したがって、限られた情報で「このレポートが買うに足りるものか？」「金額に見合った内容なのか？」をいかに見極めるかも重要なポイントとなります。

昨今、有料のレポートはほとんどネット上で探しだすことができ、大抵の場合はその概要がネット上で掲載されています。そのような概要情報をもと

に、購入にあたって確認しておくべき項目が、①調査対象テーマや地域のスコープ（範囲）・メッシュ（切り口）、②時間軸、③作成時期、④元データの入手可否の4点です（図表2-13）。

図表2-13　調査レポートを購入するにあたって確認する4つの視点

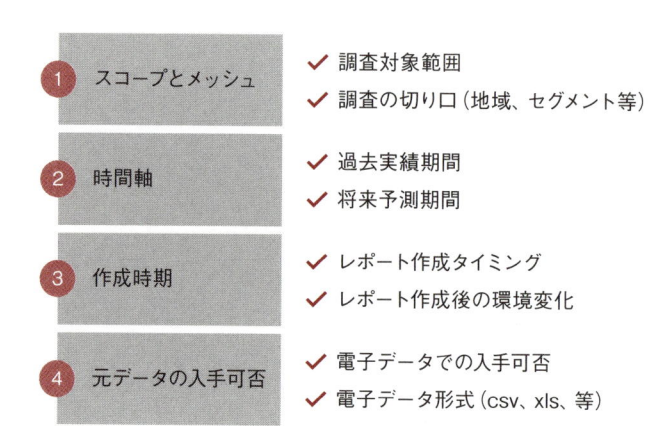

1 スコープとメッシュ	✓ 調査対象範囲 ✓ 調査の切り口（地域、セグメント等）
2 時間軸	✓ 過去実績期間 ✓ 将来予測期間
3 作成時期	✓ レポート作成タイミング ✓ レポート作成後の環境変化
4 元データの入手可否	✓ 電子データでの入手可否 ✓ 電子データ形式（csv、xls、等）

アクセンチュア作成

1）調査対象テーマのスコープとメッシュ

　最も重要なのはこの項目です。調べたい項目に対して合致した内容か否かをテーマ軸や地域軸、セグメント軸等様々な軸でまず確認します。これは目次からも可能ですが、可能であれば無料サンプルを取り寄せるとなお具体的なイメージが湧いてよいでしょう。大抵調査会社に依頼すれば数枚の抜粋版をサンプルとして送付してもらえますので、これを取り寄せる労を惜しまないことが調査レポート選定において重要なポイントです。

　ただし、欲しい市場セグメントや地域の切り口がピンポイントで得られることは極めてまれです。従って、「どのデータを使えば最も蓋然性の高い推

計ができそうか」という視点で各レポートを比較することが重要となります。一般的には、粒度（メッシュ）が細かければ細かいほど様々な加工・集計ができますので、粒度の細かさに着目するのは大切です。

2）時間軸

次にレポートの時間軸（期間）を確認します。過去10年間実績＋今後の予測5年間くらいの時間軸でまとまっているレポートが多いように見受けられますが、果たしてこの時間軸で今回実施したい調査・分析に足りるか否かを見極めないといけません。ただし欲しい時間軸にぴったり合った情報が得られないことも多いので、そういう場合は、あとは推計していくしかないということになります。

3）作成時期

意外と見落とされがちなのが、「いつ作成されたか」という視点です。特に将来予測をしているレポートは、作成時点での予測しうる将来のイベントを前提に市場規模等を推計していますので、作成時期以降にインパクトある環境変化が生じている場合は、作成時期時点の将来推計は何の意味も持たなくなってしまいます。

たとえ1年程度前に作成され、ある程度情報鮮度が担保されていそうなレポートであったとしても、その後大きな環境変化が生じている場合はレポートの信頼性は大きく損なわれてしまいます。例えば、東京オリンピック・パラリンピック開催決定後に、それを考慮した上で日本における建設市場規模の将来推計をしている場合と、開催が決まる前に、それを考慮しないで同様の市場規模を推計している場合とでは大きな乖離が生じてしまうということが容易に想像いただけるでしょう。

もちろん、きちんとしたレポートであれば、将来に影響を及ぼしかねない因子を特定した上で、それらが起こった場合と起こらなかった場合の両パターンを推計し、幅で将来予測を出しているものものありますので、こういったレポートは信頼に足りうると考えられますが、そうでない場合は作成時期の意味合いをよく注意しないといけません。

このように、「作成時期」がきわめて重要であることがわかっていただけたかと思いますが、一般的に2年以上前につくられたレポートは情報の鮮度が劣るため、使用しないのが無難でしょう。

4）最後の確認ポイント「元データがもらえるか」否か

　ここまでくるとほぼ購入するか否かが決まりますが、最後に確認すべきポイントがレポートの元となるデータがもらえるかどうかです。

　例えば市場規模の実績と将来予測に関してのレポートを購入した場合、そのデータを改めて読み取って手入力する手間は膨大で時間的なロスが発生します。そのような無駄な工数をなるべくなくすのも効率的なリサーチの鉄則ですので、なるべく自分で加工しやすい形（エクセル形式が通常）で調査会社から入手できるかどうかを確認することが重要です。

　ホームページ等に何も記載がない場合であっても、問い合せてみればもらえるケースがありますので、決してあきらめずに問合せ・交渉してみるのが重要です。

ステップ④：内容はそのまま使わず「必要なデータは加工して作り出す」

　前述の通り、調査レポート自体は効率的にある程度の情報を得る有効な手段ではありますが、知りたい情報がそのままピンポイントで得られることはまれです。より具体的なビジネス上の戦略立案・計画立案のためには、さらに細かい粒度での情報や、別の軸でセグメントを区切った情報がどうしても必要となります。

　このような場合、レポートで得られた情報をそのまま意思決定のためのデータとして使用すると、判断を誤る結果を生じかねません。ですから、調査レポートで得られるデータは、あくまで「意思決定するために必要なデータを導出（推計）するためのベースとなるデータでしかない」、と捉えることが重要です。加工の仕方は目的に応じて様々ですが、基本的には、他の根拠となるデータを掛け合わせることでさらにデータを細分化したり、拡大推

計したりします。

🔶 ルール：調査手法・算出根拠はよく確認しておく

　多くの調査レポートは、前述の政府や業界団体が発行しているマクロな統計調査情報がベースとなっています。これに加えて、その特定テーマ・業界に応じて、サンプルとなる企業に対してヒアリングを実施し、拡大推計して市場規模などを算出している場合が多く見受けられます。

　従ってその調査レポート自体も多くの仮説・推計をもとに作成されているものですので、信頼性・信憑性に疑義がある場合もあることは否めません。例えば、レポート記載の数値と実態のビジネスの数字の規模感がどうしてもあわない、ということもたまに起こります。そのような場合はレポート自体を使わず、自ら推計で算出するような割り切りも必要です。

　また調査手法や算出根拠が異なるため、同一テーマで複数の調査会社レポートを併用する場合も注意が必要です。例えば、同じパソコンの市場規模の将来予測がガートナー社とIDC社という二大IT系調査会社でも異なる、ということもありえます。特に将来予測は何が正しいか一概には言えないのですが、リサーチの文脈に合ったもので、より信憑性の高い調査会社のデータを基軸に調査・分析を進めるのが定石と言えるでしょう。

第3章

9つのリサーチ技法②
『情報をつくる編』

第3章では、情報を「つくる」リサーチ技法を紹介します。具体的には、下記の4つの技法について、ポイントやテクニックを解説していきます。

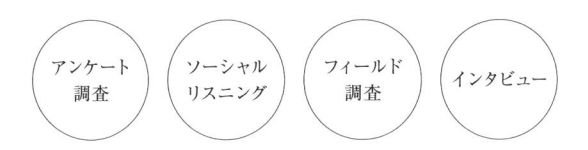

- アンケート調査
- ソーシャルリスニング
- フィールド調査
- インタビュー

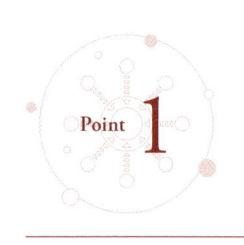

Point 1　アンケート調査

◈ 強力だが「やってみただけ」で終わる可能性も高い調査

　"つくる"系のリサーチの中でも、最も代表的な手法がアンケート調査です。しかし、簡易であるがゆえに、「とりあえずやっただけ」で終わってしまいがちな手法でもあります。皆さんの中にも、「アンケートを取ってはみたものの、たいして次のアクションに活かされず机の肥やしに……」というような経験をされた方も多いのではないでしょうか。

　良質なアンケートを行うための方法は、その規模、目的、シーンによらず共通なものであり、習得すれば汎用性の高い強力なリサーチの武器になります。ここからはそのポイントを、例示を交えてご紹介します。

◈ 主な使用シーン

　「簡易に定量的に対象者について調べられる」という利点から、研修や講演会参加者の満足度調査といった日常的な場面から新規事業立案のための消費者ニーズ把握といった戦略立案の場面まで、幅広い目的、シーンで多用されています。

　アンケート調査設計は図表3−1の4ステップで進めます。

図表3–1　アンケート調査の作業ステップ

| ① 手法を決める | ② 調査の規模感を決める | ③ アウトプットイメージを明らかにする | ④ 調査票に落とし込む |

アクセンチュア作成

ステップ①：手法を決める

　自らが所属する組織への調査や研修会後のアンケートなど、対象が明確で近くにいる場合は、直接紙を渡すかメールを送付することでアンケートは可能です。しかし、消費者調査など不特定多数にアプローチする場合には、インターネット、電話、対面などアクセス手段を選ぶ必要があります。

　一昔前はインターネットでアプローチしにくいシニア層などに調査をかける場合には、電話で対応することもありました。インターネットの全世代への普及率が高まった現在では、ほとんどの場合、最も安価で簡易な手段であるインターネット調査で事足ります。

　インターネット普及期の課題であった、「インターネット活用層と一般層との特徴の乖離」も現在ではほとんどなくなったと言ってよいですし、シニア世代は依然として比率は少ないものの、回答者を集める際に、性別・年代別にそれぞれ必要なサンプル数を設定すれば問題ありません。

　ただし、インターネット調査は対面に比べると回答の信頼性に限界があることを十分理解した上で活用する必要があります。当然のことながら、人は対面で直接問われたほうが真面目に答えようとしますので、回答の信頼性という観点では明確に「インターネット＜電話＜対面」という順番です。従って、消費者自身の過去の経験や現在の活動など、回答する側が深く考えずともすぐに回答できる設問についてはインターネットで事足りますが、そうでない場合はコスト・手間をかけてでも対面で実施する必要があります。

図表3-2　調査手法の利点と限界

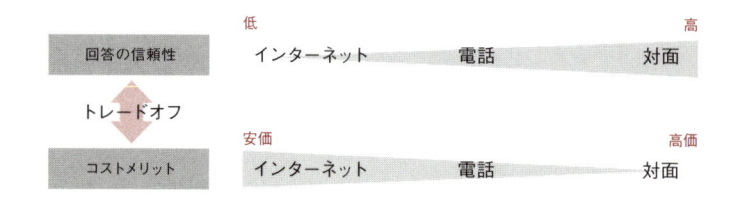

回答の信頼性	低　インターネット　　電話　　　対面　高
トレードオフ	
コストメリット	安価　インターネット　　電話　　　　対面　高価

アクセンチュア作成

　回答する側が深く考えないといけない質問とは、すなわち消費者自身が未だ経験したことのない未来に関する質問や、新しい商品・サービスの購買意向評価などがその代表例です。このようなケースでは、セントラルロケーションテスト（対象者に会場に来てもらって実施する調査手法）などにより対面定量調査を行ったり、インターネットでの定量調査の限界を補完するために併せて少数へのインタビューを行うことで対応することもあります。また、こうした回答の信頼性を高めるために、対象者がしっかり答えてくれるよう、アンケートの設問数や設問の流れ、文章のわかり易さには十分に配慮する必要があります。ここは特に重要なポイントですので、後述の「ステップ④調査票に落としこむ」のパートで詳細に触れます。

▶ ルール：サンプル数×設問数の費用相場感を持つ

　消費者調査など不特定多数に対してアンケートを実施する場合には調査を外部に委託することも多く、具体的な調査設計に入る前に予算感を明確にし、委託先を選び契約を進めていく必要があります。多くの調査会社では、アンケート方法（インターネットか電話かなど）ごとに、「サンプル数×設問数」で調査費用が設定されていますので、予算感を知るためには、手法だけでなく大まかなサンプル数と設問数も考えておく必要があります。

例えば国内でWeb調査を行おうとすると、調査会社にもよりますが、だいたい100サンプル×30問で20万円程度、1,000サンプル×50問で100万円程度、さらに海外の場合には、米国などメジャーな国なら国内の2～3倍程度ですが、国によっては、5倍以上かかることもあります。

図表3-3 インターネット調査の費用相場例

ネットリサーチメニュー　　　　　　　　　　　　　　　　　　　　　　[税別]

設問数	希望サンプル数									
	100	200	300	400	500	600	700	800	900	1,000
5問まで	7万円	10万円	14万円	17万円	20万円	24万円	27万円	29万円	32万円	34万円
10問まで	9万円	12万円	16万円	20万円	23万円	27万円	30万円	31万円	34万円	36万円
15問まで	13万円	17万円	22万円	26万円	31万円	35万円	40万円	44万円	47万円	50万円
20問まで	16万円	21万円	26万円	31万円	36万円	41万円	46万円	51万円	54万円	57万円
25問まで	19万円	24万円	29万円	34万円	40万円	45万円	50万円	55万円	59万円	62万円
30問まで	21万円	27万円	32万円	38万円	43万円	49万円	54万円	60万円	63万円	67万円
35問まで	24万円	29万円	35万円	41万円	47万円	52万円	58万円	64万円	68万円	72万円
40問まで	26万円	32万円	38万円	44万円	50万円	56万円	62万円	68万円	72万円	76万円

出所：マクロミル社HPより（2015年8月時点）

　このように、最初から必要な費用感を頭に入れておきながら設計にとりかかることで手戻りを最小限にすることができます。また、ここでは個別の調査会社についての言及は差し控えますが、国内調査の場合ならインターネット検索で上位に出てくる企業なら品質、コストともに大きな差はありませんし、安心してお願いできますが、海外調査の場合は対象国によっても得手不得手がありますので、いくつかの会社に問い合わせてみることが良いと思います。

Column: メーカーAの新規エリア展開のケース

　メーカーAでは、国内トップシェアのある商材の近隣国への展開を検討していました。メーカーAがトップシェアを誇っているその商品カテゴリーは当時国内でしか市場が形成されておらず、近隣国への展開にあたっては潜在的な消費者ニーズを把握する必要がありました。顕在化していない市場ですので調査にも工夫が必要とのことで、新商材の代替先となりうる既存市場を特定し、その市場の消費者を深く理解することで気づきを得ようと、インターネットを活用して何度も消費者アンケートを重ねました。

　しかし、参入可否を判断できるような強いメッセージは得られず、この調査は諦めて他の調査手段を探ることとなりました。結局、とりあえず国内の商材サンプルを対象国に持っていって直接試してもらって反応を見るという単純な方法を実行することで、有益な気づきを得ることができました。

　後から考えると最初からそうすればよかったのにと思いますが、調査している最中は、往々にして特定の調査手法に固執してしまったり、大上段に構えて全体を把握することに執着してしまい、かえって複雑化、大規模化してしまったりと、本来もっとシンプルなやり方で済むはずのことを見落としてしまいがちです。多忙な中でもふと当初の目的に立ち戻ってみて、必要に応じてリサーチの手法は柔軟に変えていくような心構えが必要です。

◆ テクニック：安価なWebアンケートツールを活用する

　アンケートを自ら実施する場合は、直接対象者に紙で渡して記入していた

だくか、別途メールでアンケートを送付して回答していただくのが一般的かと思いますが、回答者のサンプル数や質問数が多くなると、その集計作業の負荷が馬鹿になりません。そこで、昨今ではWeb上で簡易にアンケート作成ができるクラウドツールの活用も盛んになってきています。例えばSurveyMonkey社はクラウド型のアンケートツールの草分け的存在であり、全世界で2000万人以上のユーザー数を誇っています。

これらアンケートツールの最大の特徴は、①簡易にWeb上でアンケートが作成できる、②対象者はWebブラウザ上やスマートフォン上で簡易に回答ができる、③回答結果が自動集計される、というものです。大抵このようなサービスを提供している各社とも無料版を提供しており、十数問程度のアンケートまでは無料で実施することが可能です。また追加料金を支払うことで質問数の増加、質問ロジックの追加、データの各種形式でのエクスポート、各種アンケートテンプレート活用等の付加サービスを活用することができます。

アンケート調査実施にあたっては、膨大なデータを処理・加工する工数をいかに効率化するかも重要なポイントの一つですので、このようなツールを積極活用することもお勧めです。

ステップ②：調査の規模感（サンプル数・設問数）を決める

アンケートの調査手法が決まれば、次に規模感を決めます。調査の規模感はサンプル数と設問数で決まります。ただし、サンプル数を定めるには、まずは母集団（アンケートをしたい対象セグメント）を選ぶ必要があります。

◆ Ⓐ母集団を選ぶ：仮説の広さに対応できるよう母集団を設計する

目的に合ったターゲットを集められるよう、性別・年代などのデモグラフィック属性を中心としながら、必要に応じてライフスタイルなどのサイコ

図表3-4　規模感の決め方

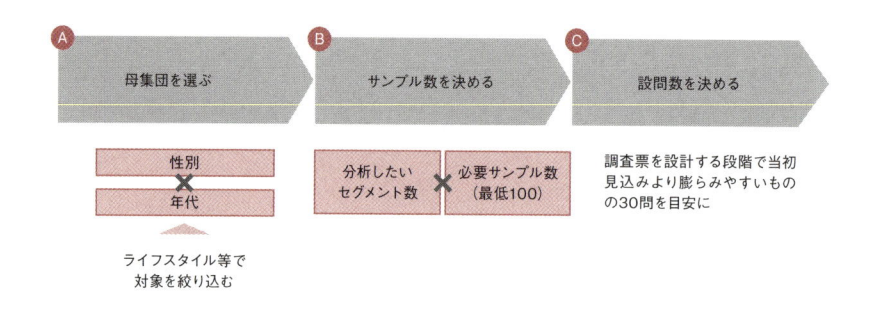

- A　母集団を選ぶ
  - 性別 × 年代
  - ライフスタイル等で対象を絞り込む
- B　サンプル数を決める
  - 分析したいセグメント数 × 必要サンプル数（最低100）
- C　設問数を決める
  - 調査票を設計する段階で当初見込みより膨らみやすいものの30問を目安に

アクセンチュア作成

グラフィック属性を加味して検討していきます。

　例えば、シニア向け健康食品に対するニーズや不満を知りたいのであれば、当然高年齢の方が母集団の対象となるでしょうし、さらに健康食品の利用経験で絞るのもよいでしょう。

　母集団を設計する上でのポイントは、目的と予算感のバランスをみて適切な広さを確保することです。仮説は外れることもあるので、基本的には想定するターゲットだけでなく周辺の顧客層も含めて広めに調査しておくことが望ましいのですが、その分コストも分析の手間もかかります。

　先ほどの健康食品の例でいえば、まずは現状健康食品を利用したことがある人が主なアンケート調査の対象者となるでしょうが、一方、健康食品を利用したことがない人の意見にも、新しい市場開拓の気づきが隠されているかもしれません。この場合、たとえば今までにない画期的な新商品を開発したいということであれば、健康食品未利用者まで含めて調査すべきでしょうし、既存商品の梃入れが目的なのであれば現状の利用者だけでよいでしょう。

　このように、「その調査から得られた情報で最終的に何を実現したいのか」でアンケート調査すべき母集団が変わってきますので、このタイミングで改

めて、リサーチの目的を振り返ってみるとよいでしょう。

❌ Ⓑサンプル数を決める：サンプル数はやりたい分析の細かさで決める

　母集団が決まったら、次はサンプル数です。サンプル数は、「どんな分析をしたいか」ということと密接に関わってきます。というのも、必要なサンプル数は全体の数で判断するものではなく、分析をしたいセグメント数によって決まるからです。

　例えば40〜70代の男女を母集団とした調査を行う場合、せめて性別・年代別には傾向を見たいので、10歳ごとの年代と男女で、計8つの顧客セグメントに分けて分析をするとします。その場合、例えば40代の男性という1つのセグメントだけで、信頼するに足る数字となるためのサンプル数が必要になります。

　一般的には1セグメントあたり100サンプル以上が望ましいとされており、最低でも50以上は確保したいところです。そうすると、このケースでは1セグメント100サンプル×8セグメント＝800サンプルが必要となります。しかも、性別・年代だけではなく健康食品の利用有無という軸でも分けて分析したいとなれば、更に倍のサンプル数が必要となります。

　このように、分析したい切り口が細かくなればなるほど際限なくサンプル数が増えてきてしまうので、予算感を踏まえて割り切りましょう。例えば、先程は年代を10歳ごとに4つに分けることとしていましたが、20歳ごとで40〜50代と60〜70代の2つにすることでもよいかもしれません。

　なお、調査のサンプル数は、基本的には分析したいセグメントごとに均等に割り当てられていますので、実際の人口動態とは異なります。したがって、そのままでは調査結果を読み誤ってしまいますので気をつけましょう。

　例えば、有職者の方を各年代で同じ人数だけ集めて調査をしたとします。調査上では70代や10代の方々も20代の方々と同じ数だけ存在しますが、実際の人口動態では、70代の方々の多くは退職されておりますし、10代の方々は学生も多いでしょうから、有職者の数は20代の方々より大幅に少ないは

ずです。ですので、調査対象者全体の数字そのままでは70代や10代の有職者の方々の意見が過大に評価されており、その数字を活用してしまうと間違った判断を招きかねません。

　アンケート結果を正しく読み取るためには、全体数字はそのまま使わないことです。分析したいセグメント毎の数字のみを使うか、全体数字を出したいのであれば各セグメントの値に実際の人口動態の分布を掛けあわせて算出するように徹底してください。

◆ ⓒ設問数を決める：設問数は30問程度に収れんさせる

　サンプル数の次は設問数の規模感です。前述したように外部の調査会社に委託する場合には予算に大きく影響を及ぼしますので、初期段階で大体の見込みは持っておきましょう。

　実際に調査票を設計し始めると、想定よりどうしても膨らんできてしまうものですが、最後まで消費者にしっかり回答してもらうためには全体の設問ボリュームは極力絞る必要があります。

　インターネット調査では特にボリュームに気を配る必要があります。10分程度で回答し終わる分量が望ましく、どれだけ長くとも30分を超えると厳しくなります。10分程度で終えようとすれば、各設問の複雑さにもよりますがせいぜい20〜30問が限界です。ちなみに、アンケートの途中で分岐が発生する場合には、一人あたりの回答数は少なくなるので、全体の設問数としては30問よりも多くなることはあります。

◆ テクニック：予備調査を最大限活用する

　消費者アンケートを調査会社にお願いする場合には、本調査とは別に予備調査を実施することになります。予備調査は、本調査の対象となるターゲットを識別し集めることが目的の調査で、「いきなり大人数に聞いてみたが、そもそもターゲットとしてふさわしくない人たちだとわかり、アンケートの設問・回答が意味のないものになってしまった」というリスクを避けるため

に行うものです。

　予備調査では、ターゲットを識別するための設問を、調査会社が保有するモニターの方々に幅広く行います。本調査を実施するサンプル数が数百だとしても、その識別のために数千、数万の方々に簡易なアンケートをとるのです。

　この予備調査、設問は数問だけですが、非常に多くのサンプル数を得ることができます。したがって、工夫すれば単にターゲットを集めるだけでなくそれ自体をアウトプットとして有効活用することができます。

　例えば、前述の健康食品の例でいうと、本調査は健康食品利用者だけにするとしても、予備調査ではその識別のために健康食品未利用者にも回答してもらっています。ですので、ただ健康食品の利用有無を聞くだけでなく、未利用者の意識を探るための質問（例えば、購買経験のないセグメントに対して、その理由を訊く質問など）を盛り込むことで、追加調査なく消費者全体の傾向を把握することができます。

図表3－5　予備調査～本調査への流れ

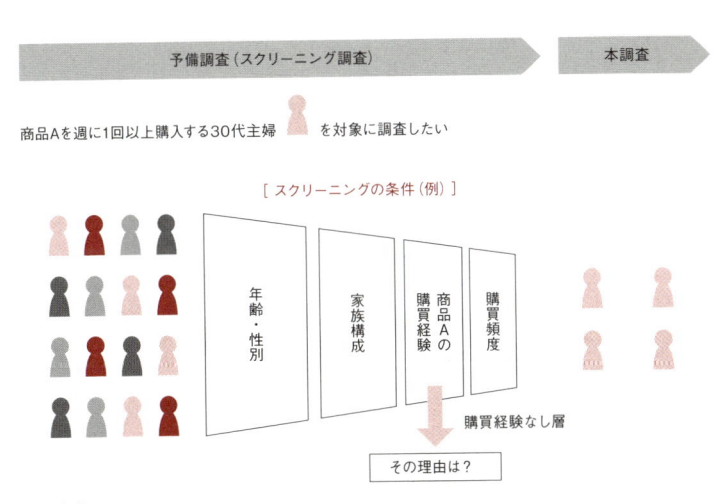

予備調査（スクリーニング調査） → 本調査

商品Aを週に1回以上購入する30代主婦 を対象に調査したい

[スクリーニングの条件（例）]

年齢・性別 → 家族構成 → 商品Aの購買経験 → 購買頻度

購買経験なし層 → その理由は？

アクセンチュア作成

第3章　｜　9つのリサーチ技法②『情報をつくる編』

ステップ③：アウトプットイメージを明らかにする

　アンケート手法と規模感が決まれば、次はアウトプットイメージの明確化にとりかかります。アウトプットイメージは調査票を設計する際の指針となるものなので、このステップを飛ばして調査票の作成にとりかかってしまうと、本来聞くべきことを漏らしてしまったり、メリハリがつかず設問が際限なく増えてしまったりと、後悔することになります。

◆ ルール：実査前に分析グラフのイメージとメッセージの仮説を持つ

　アウトプットイメージとは、「どんな設問をどう分析してどんなメッセージを出すか」という仮説のことです。
　いわゆる課題設定力や分析力がものを言うステップであり、詳細は他書に譲りますが、実査前の段階でしっかりエネルギーを注ぎ込んでおくべきステップであることを覚えておいてください。以降の調査票作成もスムーズになりますし、調査結果が帰ってきたあとの分析、報告資料作成も、このアウトプットイメージに沿って進めればよいので非常に楽になります。
　一方、このステップが不十分だと、リサーチの目的に十分に答えられない設問のまま調査を進めてしまい、後の分析、報告資料作成で困り果てることになります。具体的なグラフイメージとメッセージ仮説まで準備することをお勧めしますが、せめてアンケート結果を分析する際の縦軸と横軸の指標くらいは明らかにしておきましょう。

ステップ④：調査票に落とし込む

　さて、ようやく最後のステップである調査票作成です。ここまでのステップをしっかりこなしていれば、アンケート調査で何を聞くかはほとんど決

まっていますので、後はどう聞くかだけです。といっても、どう聞くかで回答の信頼性、すなわち調査の有効性が大きく変わってきますので、調査票への落とし込みは極めて重要なステップです。

▶ ルール：一般的な設問、簡単な設問からはじめる

　調査票の設問の流れは、一般的な設問、簡単な設問からはじめて、消費者に与える情報を徐々に増やしていくようにします（図表3－6）。これには、消費者が答えやすい設問から入った方が最後までしっかり答えてくれやすいという意味だけでなく、各設問の回答に影響を及ぼすような余計な情報を回答者に与えないという意味があります。

　後者について少し細かく説明しましょう。例えば日焼けを防ぐ新しい商品についての消費者受容性を見るための調査を行うとします。その調査において、最初に「日焼けがいかに体に良くないか」「それに対して新商品がどれだけ有効か」ということが具体的に書かれているコンセプトの商品の購買意向を聞いた後に、そもそも日焼け対処のニーズがあるかどうかを聞くとどうなるでしょう。

　おそらく、もともとは日焼けに対して大して悩みを持っていなかった人で

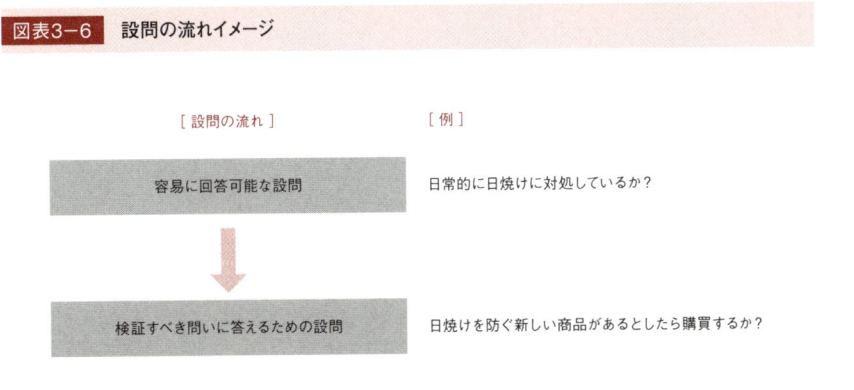

図表3-6　設問の流れイメージ

[設問の流れ]

容易に回答可能な設問
↓
検証すべき問いに答えるための設問

[例]

日常的に日焼けに対処しているか？

日焼けを防ぐ新しい商品があるとしたら購買するか？

アクセンチュア作成

も、新商品の魅力的なコンセプトを読むことで感化されて、日焼け対処ニーズがあると回答してしまう人も多いのではないでしょうか。そうなると、本来は「世の中にどのくらい日焼け対処ニーズがあるか」を知りたくて質問したにもかかわらず、実態とは乖離した異常に高い数字が出てしまいかねません。

◆ ルール：枝分かれ設問を多用しない

　設問の流れを設計する上では、枝分かれ設問の取り扱いについても注意しましょう。多用しすぎると、後ろの設問を回答するサンプル数がどんどん減ってしまい、数字の信頼性が損なわれてしまいます。したがって、枝分かれ設問を入れ込むとしても、基本的には1回に留めておくべきでしょう。

　例えば、ある商品の利用経験を聞いた上で、経験がある人は商品の利用動向や満足度について把握する設問を行い、経験がない人には未経験の理由を把握するといったときには、枝分かれ設問は有効です。

　ただしその場合、枝分かれした回答者グループ（この場合には商品の経験者と未経験者）ごとに、十分なサンプル数を確保できるように全体サンプル数は余裕を持っておく必要があります。回答者の正しい割合は実際に回答してもらわなければわからないものの、設計時に見込みを持っておくことが重要です。例えば、全体調査対象者のうちで商品の経験者が2割程度と想定される場合、経験者だけで100サンプルを確保しようとすれば全体では500サンプルが必要となってきます。

◆ テクニック：選択肢の切り出し方にこだわる

　回答の質を高めるために聞き方を工夫すべきポイントは多くありますが、その中でも特に「選択肢の項目の切り出し方」はこだわるべきポイントの一つです。項目が粗すぎると有益な情報が得られませんが、細かすぎると回答者の負担も分析の負担も増えてしまいます。目的、仮説にあわせた括り、切り出しが求められます。

例えば、ある飲み物の飲用シーンを把握するための選択式設問を準備するとして、「食事と一緒に」というシーンを考えるだけでも、朝、昼、夜というタイミングで分けるのか、それとも外か家かといった場所で分けるのか、両方のかけ算で細かく聞くのか、といったようにいくつもパターンがあり、どれが適切かはそのときの目的、仮説次第です。

◆ ルール：自由回答に期待しすぎない

自由回答は消費者の負担が非常に大きいため極力やらないようにしましょう。そもそもアンケート調査はあくまで定量的な傾向を把握することが主目的ですので、そういった意味でもお勧めできません。

一見、自由回答でしか聞けないと思われる設問でも、ほとんどは回答パターンを想定することで選択式の設問にできます。回答パターンの想像がつかなければ、周りの人にまずは自由回答してもらい、それをパターン化するのも良いと思います。

◆ ルール：「どちらでもない」や「普通」を避ける

アンケート調査では、5段階評価の真ん中の評価をつい準備してしまいがちですが、特に日本人は真ん中を選びがちなこともあり、ない方が良い場合も多々あります。

例えば、顧客のサイコグラフィック属性を把握する一環として、健康・病気に対して「A予防派」なのか、「B事後対処派」なのかを把握したいとします。この場合、「どちらかといえばA」といった項目はあってもよいですが、「どちらでもない」という回答を準備してしまうと、本来どちらかに分類されるはずの消費者が安易に「どちらでもない」と回答してしまい、顧客のセグメンテーションができなくなってしまいます。

一方、例えばある商品の購買意向を聞くときなどは、「どちらでもない」ということは実質的に「買わない」ということですが、その選択肢がないと無理に「たぶん買う」を選ぶなどして実際の購買意向に対して回答結果を歪

めてしまうことになるため、「どちらでもない」も含めて5段階評価で聞いた方がよいでしょう。

◆ ルール：マトリクス設問を多用しない

マトリクス設問は、消費者から多くの情報を引き出せますし、調査の費用計算上ではあくまで1設問としてカウントされるのでお得感があり、多用しがちです。ただし、回答者にとってはマトリクスの縦の項目が10項目あれば、実質的に10設問に答えたことと同様の負担になりますので、本当に必要な場面でのみ使用するようにしてください。

図表3-7　マトリクスの設問例

下記の商品に、あなたはどの程度魅力を感じますか	非常に魅力を感じる	やや魅力を感じる	どちらとも言えない	あまり魅力を感じない	全く魅力を感じない
XXXの特徴がある商品A					
XXXの特徴がある商品B					
XXXの特徴がある商品C					
XXXの特徴がある商品D					
XXXの特徴がある商品E					
XXXの特徴がある商品F					
XXXの特徴がある商品G					

アクセンチュア作成

◆ ルール：明確な仮説がない限り複数回答形式は避ける

アンケート調査では、設問に対して、選択肢の中から1つだけ選んでもらうのか（単一回答）、複数選んでもらうのか（複数回答）を選択することが

できます。つい「得られる回答の幅を広げておきたい」という観点から、複数回答の設問にしがちですが、複数回答にしてしまうと「本当に何を強く選んでいるのか」がわかりにくくなるばかりか、設問数が増えて回答者の負荷も増えますし、アンケート費用もかさみがちです。

基本は単一回答で十分であり、複数回答が必要な場合は、複数回答を得ないと検証できないメッセージ仮説＋分析のイメージがある場合に限ります。

◢ テクニック：周囲の人に試しに回答してもらう

全体として適切な設問ボリュームに収まっているか、各設問が誤解を招かない（解釈が分かれない）わかりやすい文章表現になっているかを確認するために、実査に入る前に必ず、実際に周囲の方に回答してもらってください。ご自身や調査に関わっている方だと贔屓目に見てしまうことがあるので、調査に関係のない方にお願いして、客観的な意見をもらうようにすることが大事です。全体の負担感を教えてもらうだけでなく、どう答えればいいか迷った設問、文章がわかり辛かった設問についてフィードバックしてもらうようにしましょう。

また、回答者が設問を勘違いしていることにすら気づいていないケースも良くあります。この問題は、何人かに回答してもらった結果を実際に見た上で、想定していた回答傾向と明らかにズレている（違和感を覚える）ものがないかをチェックすることで対応します。

Point 2 ソーシャルリスニング

◪ 見えない「気付き」を引き出すリサーチ技法

　消費者ニーズを把握する為の有効な手段として、アンケート調査やインタビューといった調査が従来行われてきましたが、これらの手法は一定の仮説を検証するためのアプローチとしては適しているものの、その性質上どうしてもアンケート設計者の仮説、言い換えればバイアスの影響を受ける部分があります。あるいはインタビューという作られた場の雰囲気で模範的な解答を選んでしまう、といった特徴があります。そうなると、想定外の"気づき"は出てきにくく、消費者の深層心理を理解したり、アンメットニーズ（消費者のまだ満たされていない隠れたニーズ）を掴むには不十分な面がありました。

　そのような従来の手法を補完すべく、近年のソーシャルメディアの爆発的普及に伴い新たなリサーチ手法として確立されつつあるのが"ソーシャルリスニング"です。ソーシャルメディアによって消費者のリアルな声が容易に手に入る時代となった今、それらを情報源として新たなインサイトを導出することは、ビジネスパーソンにとっても必須スキルとなっていくと言えます。

　ここでは、そのソーシャルリスニングにおけるポイントを、ツール活用のテクニックもふまえ紹介します。

◪ 主な使用シーン

　前述の通り、従来のアンケートやインタビューには消費者の深層心理を理

解する、あるいはアンメットニーズを掴むには不十分な面がありました。一方でソーシャルメディアにおいては、基本的には発信者である消費者自身の生の声、消費者の生活に密着したリアルな本音が入手可能です。加えて近年のTwitterやFacebookなどのソーシャルメディアの爆発的な普及により、有意な分析が可能となる一定数以上のデータが取得可能なケースも増えてきました。これらを収集・分析することで、まさにこれまで多大な工数をかけて分析していた消費者のアンメットニーズをより簡単かつスピーディーに掴むことができるようになります。

　また、ソーシャルリスニングの利点として、リアルタイム性の高さが上げられます。アンケート調査などで消費者のニーズを探ろうとした場合、アンケートの設計から回収まで1カ月程度を要してしまうことはざらです。一方ソーシャルリスニングを活用すれば、消費者が今まさにつぶやいた声を拾うことができます。このリアルタイム性の高さは、例えば新商品を発売した直後の消費者の反応を探るような場合に大きな効果を発揮します。

◤ ルール：「やれる分析」ではなく「やるべき分析」にこだわる

　一方で、ソーシャルリスニングの陥りがちな罠として「分析結果がSo What？（だから何？）になりがち」という点が挙げられます。取得可能なデータの量に制約もあり、目的に応じた「やるべき分析」ではなく「やれる分析」を実施してしまい、「取りあえずやっては見たものの、欲しい情報が得られなかった」「頑張って分析してみたものの、わざわざソーシャルメディア分析をしなくてもわかる当たり前の結果が出た」というような状況に陥っているケースが往々にしてあります。

　ソーシャルリスニングでは、分析目的を明確にした上で、場合によっては社内外の他のデータとの合わせ技で示唆を出すなどの工夫なくして、本当に使えるデータは得られないということを強く認識しておくべきです。

▣ ルール：目的に合わせて適切なメディアを選ぶ

　ソーシャルリスニングと一口に言っても、世の中には様々なメディアがありますが、「何を知りたいか」という目的に応じてメディアを選ぶ必要があります。

　例えば、消費者の動向について、速報的かつ定量的に把握したい場合は、Twitterのようなリアルタイム性が高く、データ件数が多いメディアを選びます。一方で、消費者が自社の商品に具体的にどのような価値を感じているかという生の声を把握したいときは、より長文のブログや掲示板、レビューサイトを対象とすべきです。

▣ ルール：データ量と期間の観点から分析の実現可能性を確かめる

　さて、いざソーシャルリスニングに取り掛かろうとした場合、よく出てくるのがデータ量の問題です。ある特定の商品について消費者がどのような意見を持っているのかを、ソーシャルリスニングで確かめたいというニーズは非常に強いものの、高い知名度を誇る企業・商品でさえ、分析に足るデータ量のつぶやきを得られる可能性はそれほど高くはありません。読者のみなさんの中でも、価格比較・クチコミサイトの「価格.com」を利用されている方は多いかと思いますが、一眼レフカメラのような趣味性・機能性の高い商品であれば、企業側の努力なしにポジティブ・ネガティブなコメントが大量に書き込まれていくのに対して、そうでない商品（例えば食品や飲料等）では極端に書き込みが少なくなってしまいます。

　このように、商品の特性次第では分析に足る量のデータを集めることが非常に困難な場合がありますので、メディアの選択に加えて、そのメディアで十分なデータ量が入手できるかどうか、まずその見極めが重要となります。調査対象にもよりますが、一般的には数百件程度のデータ件数がないと、調査としての信頼性が担保できません。数十件しかデータがないような場合には、2、3件のイレギュラーなコメントが分析結果に大きな影響を与えてしまうからです。そして、イレギュラーなコメントは、ソーシャルメディア上

では当然あるものと構えておかなければなりません。

　加えて、例えばあるキャンペーンの効果をソーシャルリスニングで分析するようなケースでは、キャンペーン前後で比較可能なデータ量がないといけません。従って、本格的な作業に入る前に、まずは「データ量×取得可能期間」という視点で確認することが必須です。この段階で、後述の無料ツールを使って、どの程度のデータ件数が、どれくらいの期間分とれるかを確認します。この時点でデータ数や期間に問題があるようでしたら、そもそもソーシャルリスニングの分析を延期あるいは中止するという割り切りが必要となります。

▶ テクニック：まずツールを使わず自分で口コミサイトを眺めて肌感覚をつかむ

　例えば、飲食店であれば「食べログ」、コスメであれば「@cosme」、家電をはじめとした商品であれば「価格.com」等、多くの口コミサイトがあります。ソーシャルリスニングの第一歩としては、いきなり専用ツールを使って集計結果を見るのではなく、ターゲットとなる商品やサービスの口コミサイトをまず一つ一つ自分で目で見て、読み込んでみることが必要です。まず自分の目で、こうしたコミュニティサイトを確かめるべき理由は2つあります。

　1つ目は、「そもそも対象となる商品・サービスが、総じてどういう評価を得ているか」、その肌感覚を掴むことが大事だからです。その感覚によって、ソーシャルリスニングの目的が「消費者不満の軽減」となるのか「想定しなかった消費者の満足度を把握しマーケティングに活かす」方向となるのか、変わってくるからです。

　もう1つの理由は、後に本格的にソーシャルリスニング分析を行う時にキーワード分析を行うことになりますが、その際に、どういうキーワードに着目して分析していけば良いかの手がかりも掴めるからです。

◾ テクニック：無料のソーシャルリスニングツールを試してみる

　ソーシャルリスニングの専用ツールには、無料のモノも有料のモノもあります。例えば「Topsy」「Social mention」といった無料のソーシャルリスニングツールを使って、過去一定の期間でどれくらいソーシャル上でツイートされたか把握することができます。

　例えば、Topsyは日本語でも検索可能ですが、"アクセンチュア"と入力してみると、過去1時間、1日、7日、15日、30日でどのくらいの数がツイートされているか、またそのツイートの中身を見ることができます。まずはこうしたもので、リサーチのアタリをつけるものいいでしょう。

◾ テクニック：ソーシャルリスニング専用ツールを活用する

　無料のソーシャルリスニングツールはいくつかありますが、本格的な分析やインサイト抽出に当たっては、専用ツールを使うことを効率性の観点からお勧めします。世の中には様々なソーシャルリスニング専用ツール――例えば「クチコミ＠係長」「ブームリサーチ」「ADPLAN SM」「コミュニケーションエクスプローラー」「Social Insight」「BuzzMetrics」「Crimson Hexagon Forsight」などがあります。企業が契約するサービスとしてはさほど大きな出費ではありませんので、これらのツールを比較選定することが、ソーシャルリスニングの最初のステップとなります。

　また、ツールによって、カバーしているメディアの種類やデータ量、データ蓄積期間が異なりますので、ブログ、ツイッター、Facebook、掲示板、レビューサイト、ニュースサイトなど、どんなメディアを対象としたいか、どの程度のデータ量が必要か、といった視点もツール選定の基準となります。

　ここからは、とある医薬部外品メーカーのマーケティング担当者が「自社商品及び競合商品に対して消費者がどのような価値を感じているかを知り、より訴求力の高いマーケティングを行うためのインプットとしたい」という

目的をもってソーシャルリスニングを実施する状況を想定し、説明します。

この場合、「自社商品A」「競合商品B」「競合商品C」を検索キーワードとして（実際には具体的な商品名が入ると考えてください）、その周辺においてどのようなコメントが浮かび上がってくるかを見てみたいと思います。なおデータソースについては国内の主要なブログ・掲示板を選択します。

▶ テクニック：ツール任せではなく、ローデータを引っこ抜く

ソーシャルリスニング専用ツールには、コメント数の時系列推移や、デモグラフィック変数（男女性別等）別の集計、ポジティブ/ネガティブ比率の集計など、標準サービスとしていくつかの分析機能がついています。ツール提供企業での改善により、できることの幅や精度はどんどん高まっているのですが、「知りたいこと」が複雑だったりピンポイントであったりすればするほど、標準機能で事足りることは少なく、深い分析をするためにはどうしてもローデータ（1件1件の消費者のコメント）までを見る必要があります。大抵のツールはローデータをCSVファイル等に出力可能となっていますので、まずは設定したキーワードで絞り込まれたコメントデータを全件ダウンロードします。

ローデータ入手時には、ノイズ除去にも注意を払ってください。例えばTwitterを対象として検索する場合、「RT（"リツイート"の略。他のユーザーのツイートの引用のこと）」や「BOT（人間のコメントではない、システムによるコメント）」といった除外ワードを適切に設定するようにしてください。これを怠ると、あるコメントが引用（RT）された回数分投稿されているように見えてしまったり、広告目的のシステムによって生成されたコメントも消費者のコメントとしてカウントしてしまうことになります。除外ワードは対象とするソーシャルメディアの仕様によって異なりますので、まずはそのメディアに流通しているコメントを眺め、除外すべき種類のコメントを把握しましょう。

◆ テクニック:属性データの振り付けがインサイト導出の肝

　ローデータをダウンロードしたら、コメント1件1件に対して、どのような分析をしたいかという意図に基づいて、分析用の属性データを付与していきます。ここが多少骨の折れる作業となります。
　例えば購買行動を分析したい場合は、

- 購入者
- 商品とのコンタクトポイント(商品を知ったきっかけや購入場所など)
- 価格に対する態度
- 商品に対する評価

等の分析軸を設定します。その上で、各コメントを読みながら、

- 購入者:「おかあさん」や「ママ」「おかん」等から「母」とデータ付与
- 商品とのコンタクトポイント:「近くの○○(コンビニ)」等から「コンビニ」
- 価格に対する態度:「安くなってた」や「激安」等から「安い」
- 商品に対する評価:「すっと入る」「がぶ飲み」等から「飲みやすさ」

というように、属性キーワードを付与していきます(図表3-8)。
　非常に地道で骨の折れる作業ではありますが、インサイト導出のためには極めて重要な作業です。
　また、この工程では嬉しい副産物が得られます。それは、想定していなかった「意外なキーワードの発見」です。例えば、消費者、特にターゲットとした10代女性層は、訴求したいと思っていた「飲みやすさ」について、「すっと」や「がぶ飲み」といった表現を好んで使っている、というような意外な事実がわかってくるのです。このように得られたキーワードは、今後のマーケティングにおける訴求ワードとして使える可能性があります。

図表3-8　コメントに分析用の属性を付与する

ダウンロードしたTwitterコメント（例示）	分析軸				
	言及されている商品	購入者	商品とのコンタクトポイント	価格に対する態度	商品に対する評価
① あまりに疲れたので仕事帰りに○○（コンビニ）で商品Aを買って帰った…	商品A	自分	コンビニ	—	疲労回復効果に対する信頼感あり
② ○○（ECサイト）で商品Bのタイムセールやってるっぽい！今日の18時までだって！	商品B	自分	ECサイト	安い	価格次第では購入量増加
③ ママが買ってた商品C、黙って飲んだのバレちゃった…	商品C	母／ママ	—	—	自分では買わないけどあれば飲む
④ 商品AのCMが流れるたびに子供が踊り出すんだけど誰かどうにかしてくれ	商品A	—	TVCM	—	—

アクセンチュア作成

　さて、全てのコメントに対して、属性キーワードが付与できたら、ようやく定量的な分析に入ることができます。

■ テクニック：付与した属性データを可視化する

　分析に足るデータが出来上がってから、どのような分析を実施するかは分析技術の参考書籍に譲りますが、ここでは一例として、「商品別に、消費者からはどのような評価を受けているか（≒どのようなニーズを満たしているか）」を見てみましょう（図表3-9）。
　こうしてみると、商品Aは効能を評価されている一方で、競合商品Cと比較するとリーズナブルな価格であるとは受け止められていないようです。これを更に、購入ユーザー層別、コンタクトポイント別、と分析の軸を掛け合わせていくことで、新たな発見に繋がる可能性があります。あるいは、これ

図表3-9　商品別　ニーズ充足状況の可視化（円の大きさは該当コメント数を表す）

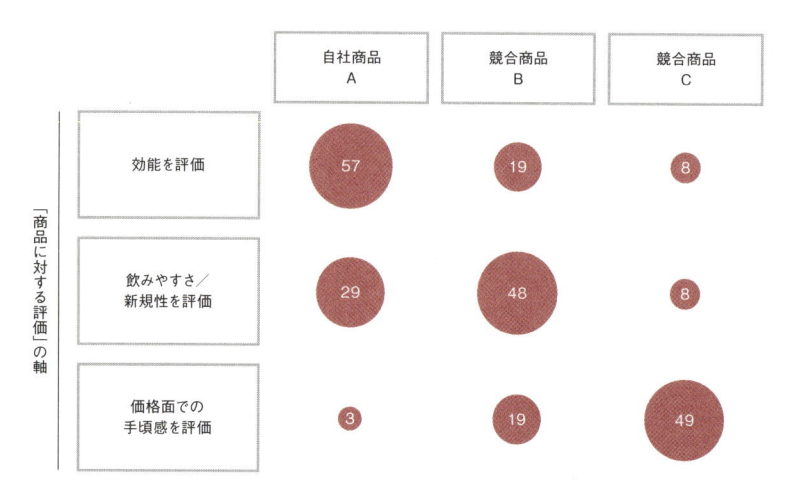

「商品に対する評価」の軸		自社商品 A	競合商品 B	競合商品 C
	効能を評価	57	19	8
	飲みやすさ／ 新規性を評価	29	48	8
	価格面での 手頃感を評価	3	19	49

アクセンチュア作成

を時系列で把握した上で、商品ごとの売上シェア推移と重ねあわせてみてもよいかもしれません。

　ここまでのケースは、あくまで分析イメージの一例であり、実際には、最初に検証したい仮説があり、そのために必要な分析軸の定義と属性データ付与を行い、その上で分析軸を組み合わせて気づきを得る、という流れになります。

　また、本節では未経験者でも挑戦しやすいよう、連続する作業ステップとして解説していますが、実際には、トライアル＆エラーの積み重ねで、行きつ戻りつしながら精度を上げていきます。そういった意味では、ソーシャルリスニングは是非とも実践を通じて習熟して頂きたい技法です。

　世の中の注目を集めるソーシャルリスニングですが、本格的な活用に至っている企業はまだまだ少ないのが実情ではないでしょうか。特に膨大な情報ソースから有用な情報を抽出するためには、統計分析や仮説検証のノウハウ

のみならず、言葉に対する感性も必要であり、一筋縄に行かないというのが偽らざる本音です。

しかしながら、消費者の本音に迫るうえではソーシャルリスニングは有効なリサーチ方法であり、世の中のデジタリゼーションの進展やテクノロジーの進化と相まって益々その重要性が増してくることは間違いありません。

Column

中国のソーシャルメディア事情

過去数年間にわたりアクセンチュアは中国の消費者行動を研究し、消費者を引き付ける販売やマーケティングのアプローチはどういうものであるかについての理解に努めてきました。2011年には330人以上の消費者について調査を行い、彼らの行動、態度、および期待について理解を深め、2012年には504人の消費者を対象に同様の調査を行いました。これらの調査結果により、企業が中国市場で消費者の心を掴み、売上げを伸ばすために理解しておくべき、大きな特徴が見えてきました。

なかでも、クチコミの影響力の強さについては、ソーシャルメディアの出現によってもたらされた、直接的な消費者行動の変化と言えますので、ここについて詳しく見ていきます。

中国の消費者において特徴的なのは、"中国の消費者は商品の購入決定にあたり、どのマーケティングチャネルやセールスチャネルよりも知人の意見に耳を傾ける"という結果が出たことです。実に消費者の74%が「知り合いが投稿したコメントを信頼する」と答え、2011年の同様の調査時の68%より増加していました。また興味深いことに、彼らが重視するのは友人や家族のコメントだけではなく、2011年の調査では3分の1以上の回答者が購入を決める際

「全く面識のない人の投稿の少なくとも一部を参考にした」と答え、2012年の調査ではその割合は44％まで上昇していました。

　日本の消費者である私たちも知人や友人、ソーシャルメディア上の評判を参考にすることはあると思いますが、中国消費者のように広告宣伝媒体や公式な企業Webサイトよりも重視しているでしょうか。

　中国消費者を取り巻く環境において、日本や他の国々と際立って異なる最大の特徴は、中国政府による規制です。Googleもそうですが、FacebookやTwitterというような日本でもおなじみのグローバルスタンダードなサービスはアンダーグラウンドでしか使われていないようです。一方で、人人網（RENREN）や新浪微博（WEIBO）といった世界標準とは異なる独自のソーシャルメディア環境が発達しています。中国の消費者の実に90％以上は、これらのソーシャルメディアを使っており、最大手の新浪微博（WEIBO）は5億人を超えるユーザーアカウント（2012年12月時点）が存在しているようです。

　また、オンライン上で情報共有ができる魅力が、中国のグルメ口コミサイト「テンピン」などの人気の高さの背景になっており、テンピンでは2,300都市のレストランやショップに評価をつけていますが、2012年には月間4,800万人を超えるアクティブユーザーが150万店以上の加盟店に対して約2,000万件ものレビューを投稿しています。同サイトの月間ページビュー数は12億を超え、そのうちの60％は4,000万人のユニークユーザーの携帯端末からアクセスしています。日本に暮らしているとなかなか窺い知れないものの、驚くほど独自に発達したソーシャルメディア環境が形成されています。

　このような中国デジタルコンシューマーの行動特性をきちんと捕捉することが、中国市場における成功の大前提と言えます。

これまで、多くの日本企業が魅力ある中国市場攻略を目指して進出してきました。しかし、現在、約2万5千もの日本企業が参入しているものの、そのうち約8,000社が赤字に陥っているという調査もあります。失敗の大きな要因は、中国市場の特徴を理解せず、自分達のやり方を通そうとする姿勢にあります。国内市場で成功しているからといって、そのやり方がそのまま新市場で成功するとは限らない、という常識が、あまりにも常識的に過ぎるためか、軽んじられている風潮さえあります。

　本書で繰り返し言及することになりますが、事実を事実として正面から受け止め、それを学びとして活かし、戦略として昇華するための、真のリサーチ力が今、強く求められています。

Point 3 フィールド調査

■「場」を観察するリサーチ技法

　フィールド調査、あるいはフィールドワークとよばれる調査手法は、学術研究の世界においてはスタンダードな手法であり、データや文献に基づいた研究との対比で、実際にテーマに即した場所を訪問し直接的に観察を行うことを指します。

　各種データにもとづいた机上の分析が有効であるのは間違いありませんが、ビジネスの世界においても、実際に現場に訪れることによってのみ得られる知見も多々あります。まさに"百聞は一見に如かず"の通り、自ら観察・体感することによりデータをもとにした分析結果の論理を補強、肉づけしていくことを目的とした調査手法です。

■ 主な使用シーン

　では、どのようなケースでフィールド調査が有効となりうるでしょうか。例えば、工場の生産現場を訪問し、実際に稼働している生産ラインを見に行くような場合が挙げられます。当然、事前に業務の流れなどを業務手順書等で確認することで、ある程度現場の動きは把握できますが、実際に現場で観察することで、例えば実際のラインの作業員の働き方（動き方）や、それにかかっている時間が把握できます。また、モノの流れを見ることで、どこにどういう仕掛品の滞留が発生していたり、ラインのどこで不良が発生しているのかを把握し、生産におけるボトルネックの解消につなげていくことができます。

このように、ビジネスの世界におけるフィールド調査は、データ上で現れ出ない「物理的なロケーションと動き」と「時間」を把握するのに最も有効な手段であると言えます。通常、データや書面で得られる情報は、これら現場の動きの結果として表出した一部の数値や、ごく一部を表現している業務フロー・業務手順でしかありません。形式知化されていない生の情報を取りに行くのが、まさにフィールド調査の価値であり醍醐味と言えるでしょう。

▶ ルール：検証したいポイントを明確化する

　フィールド調査は生産、営業、物流、店頭など、ビジネスの様々な現場において気づきを得る上で有効ですが、各現場において検証すべきポイントは異なります。
　例えば「営業」の現場においては、外回りのセールスパーソンに同行することで、いつ・どこで・何に・どれくらいの時間をかけているか、といった業務手順書に現れない実際の動きを把握することもできますし、優秀なセールスパーソンがやっているちょっとした工夫、コツなども垣間見ることができます。
　また「店頭」であれば、店頭における棚割りや商品の陳列のされ方、店頭販促POPの置き方・見え方等が重要であることは言うまでもありませんが、現場の店舗に行くことで、それらがわかるだけなく、実際に来店されているお客様が「どの棚でどれくらい時間をかけているのか」「どの棚の商品を手に取っているのか」「どのような順序で見てまわっているのか」、といった動線を観察することで、より効果的な棚割りや棚で映える商品、店頭販促POPについての知見を得ることが可能となります。

　さて、フィールド調査は図表3－10のステップで進めます。それぞれのステップのポイントについて解説していきましょう。

図表3-10　フィールド調査の実施ステップ

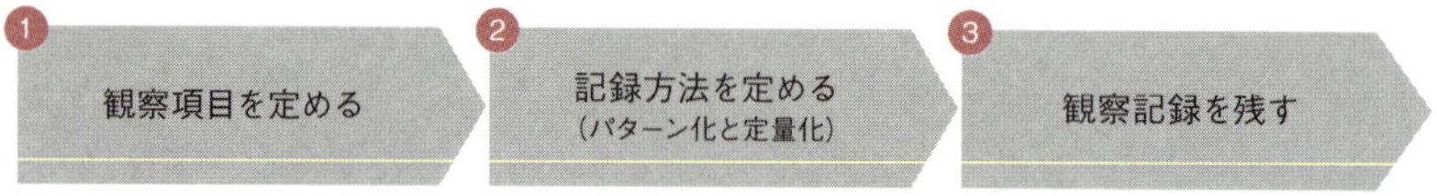

1. 観察項目を定める → 2. 記録方法を定める（パターン化と定量化） → 3. 観察記録を残す

アクセンチュア作成

◼︎ ステップ①：観察項目を定める〜ルール：現場でしかとれない情報を見極める

　前述の通り、フィールド調査は机上では把握できない「物理的な動き」や「時間の流れ」を把握するのに有効な手法です。従って、フィールド調査実施にあたっての最初のステップは、「このような現場でしか取れない情報は何か？」をまず定めることです。観察すべき対象は「モノ」なのか「人」なのか、観察すべきは「手順（流れ）」なのか、それにかかる「時間」も必要なのか、対象をとりまく「環境」まで必要なのか、を決めていきます。当然その際は、そもそもの調査の目的に照らし合わせた仮説が重要であることは言うまでもありません。

　例えば「工場における就労環境が生産効率性に影響を及ぼすか否か」を現場にて調査するというような場合は、作業に影響を及ぼしうる環境として明るさ、窓の有無、休憩場所のファシリティ等の仮説を立て、調査対象項目としてリストアップすることとなります。

◼︎ ステップ②：記録方法を定める〜テクニック：パターン化と定量化にこだわる

　次に、結果を記録する方法を定めます。ここでポイントとなるのは「パターン化」と「定量化」です。漠然と現場で起こっていることを記録に残しても後々何の分析もできません。ましてやそこから示唆を抽出することもで

きません。

　例えば生産現場をフィールド調査するなら、作業手順が①「A⇒B⇒C」なのか、②「A⇒C⇒B」なのか、あるいは③「B⇒A⇒C」なのか、といったパターン化・類型化を行います。それをもとに「①のパターンの作業員が何人で、かかっている時間が何分か」「②のパターンの作業員が何人で、かかっている時間が何分か」というように、可能な限り定量化して記録を残します。

　こうすることで初めて「現場においては作業手順がバラバラである」といったレベルの情報を「現場においては作業手順が3つのパターンでなされており、それぞれ最も効率的なパターン①にそろえることにより、全体で○○％の効率化が可能」、あるいは「Aという作業工程の個人間の生産性のばらつきがBやCの工程より大きく、仮にA工程の生産性を最も高い人にまで全体を引き上げると全体で○○％の効率化が可能」といったレベルのインサイトにまで昇華することが可能となります。もちろんこれらは全て調査設計をもとに観察しますので、事前の仮説構築が重要であることは言うまでもないでしょう。

　なお、記録するためのフォーマット準備も重要です。現場においては刻一刻と状況が変化しているため、観察結果の記録をとる時間に余裕がないことも多々あります。短い時間で効率よく知りたい情報を得るためには、選択肢をあらかじめ記載してチェックする形式にするなど簡易・効率的な記録ができるようにフォーマットを工夫する、というような事前準備をおろそかにすることはできません。

▶ ステップ③：観察記録を残す〜テクニック：こまめに画像での記録を

　最後のステップは、実際に観察して判明した情報についてフォーマットに即して記録をとっていくことです。このステップのポイントは、重要なシーンを写真で残すことです。後程レポートとしてまとめる際に、文章やイメージ図で説明するより、写真を示すことがまさに動かぬ証拠として何よりも説得力が増しますし、フィールド調査の結果得られた情報の生々しさ、"しみ

じみ感"を表現するもっともよい方法と言えるでしょう。

▶ テクニック：「雰囲気」も見るべき重要な事項。自分の「肌感」を大切に

　最後に一つのコツですが、フィールド調査をする際には、その現場の「雰囲気」を感じ取ることも重要です。その現場が和気藹々としているのか殺伐としているのか、やる気なくだらだらと働いているのか適度な緊張感と規律の中働いているのか、前向きに明るくのびのびと働いているのか気怠そうに働いているのか、というのはまさに現場でしか感じ取れないものです（組織の生産性と職場の「雰囲気」の間には相関関係があるという研究調査結果もあるくらいです）。

　当然「雰囲気」というものは客観的に測定できるものではなく、前述のパターン化や定量化が困難な領域ですので（もちろんアンケートやインタビューを実施すればある程度定量化できますが）、主観的にならざるを得ず、完全に雰囲気の良しあしを断ずることはできません。

　あくまでも「自分が当事者だった場合どうか」といった視点で、自分の持っている「肌感覚」を大切にすることが重要です。

Column

テクノロジーの進化によって
現場情報の解析も飛躍的に進歩

　現場における写真（画像）での証拠保存はフィールド調査において有効な手立てでありますが、多数の写真をとってきたものの、レポートにはその一部が活用されるのみであり、多くの画像が保存されたまま活用されずに終わるという状況に陥っているケースが多いようです。実際、ある消費財企業では、店舗回訪の担当者が店頭情

報を画像として収集しているにもかかわらず、それをデータ化してKPIに落とし込むところで苦労し、結局うまく活用されていない、というような状況に陥っていることもあるようです。

　しかしながら近年では、画像解析技術が飛躍的に向上したことにより、そのような画像情報を有効活用する企業も増えてきました。例えばアクセンチュアにおいては、そのような消費財企業の課題解決のために画像解析技術とデータ分析の両方をサービスとして提供しています。これは、店頭で撮影した陳列棚の写真を一括で管理し、画像解析、情報抽出し、指標化していくという一連のサービスを、ほぼ自動化して提供するというものです（一部目視によるチェックも実施することで精度を向上させています）。分割された画像を自動的に補正し結合させる技術や、独自の画像解析のアルゴリズムによってどの棚にどのような商品が陳列されているかを抽出し、例えばフェース数（陳列棚の最前面にある商品がいくつ並んでいるか）、陳列幅、棚割りシェア、製品ポジション、欠品の有無等のKPIを自社・競合含めて算出します。これによって従来手間暇かけていた工数が圧倒的に効率化され、時間も短縮されるという効果を享受することが可能となります。

　テクノロジーの活用によって、従来のリサーチのあり方も変化しつつある好例です。

Point 4 インタビュー

◤ 対面で得た情報には価値がある

インタビュー、つまり対面で話を聞くことによる情報収集は、古くから実践されてきた古典的なリサーチ手法です。前述のとおり、近年はインターネットによるアンケートで容易に定量・定性データを集めることが可能となりました。しかしながら遠隔での定型的な設問では回答者の深い見解・価値観等を捉えることが出来ず、ここに対面によるインタビューを実施する大きな意義があります。

また、通り一遍の教科書的なリサーチ報告を"現場感"のあるリサーチアウトプットに昇華させる上でも、インタビューは非常に重要な役割を果たします。

◤ 主な使用シーン

インタビューをする目的や対象者は多岐にわたりますが、大きく2つに分かれます。「ビジネス関係者／有識者インタビュー」と「消費者インタビュー」です。

ビジネス関係者／有識者インタビュー

ビジネス関係者に対するインタビューは、自社の社員や取引先などに対し

て、ビジネス上の課題や改善点を把握するために行うもので、社内の業務効率化、社員満足度向上、取引先へのサービスレベル改善など、企画業務を行う上では多岐の場面で日常的に行われるリサーチ手法です。

有識者に対するインタビューは、新しい領域に取り組む際に、大学教授、先進企業の担当者、コンサルタントなどの有識者の知識・見解を吸収することで、土地勘のない領域でも効率的にキャッチアップし初期仮説を立てるために行うものです。

例えば以下のようなシーンでビジネス関係者や有識者へのインタビューを行うと、リサーチ業務を効率的・効果的に進めることができます。

・いきなり本格的なリサーチに入る前に、専門家に大まかな全体像を聞いて理解する
・調査対象（商品／サービス、企業等）について、机上では掴むことのできない現場感のある情報を得て、報告書の説得力を増す

▶ ルール：インタビュー対象と調査事項を明らかにする

「ビジネス関係者／有識者インタビュー」を実施するには、まずインタビューを行う対象・調査事項を事前に整理しておくことが必須の作業となります。こうした整理をせずにインタビューをしても、聞きたいことの半分も聞くことができません。

図表3－11はインタビュー対象と調査事項の例です。この2つをセットで明確化しましょう。

図表3-11　インタビュー対象と調査事項

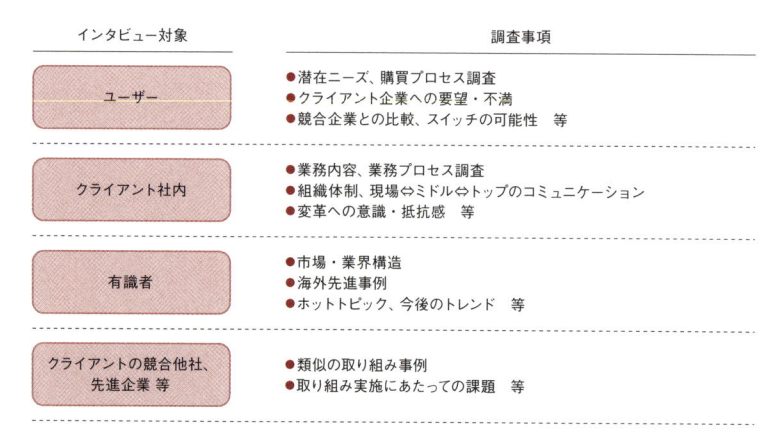

インタビュー対象	調査事項
ユーザー	● 潜在ニーズ、購買プロセス調査 ● クライアント企業への要望・不満 ● 競合企業との比較、スイッチの可能性　等
クライアント社内	● 業務内容、業務プロセス調査 ● 組織体制、現場⇔ミドル⇔トップのコミュニケーション ● 変革への意識・抵抗感　等
有識者	● 市場・業界構造 ● 海外先進事例 ● ホットトピック、今後のトレンド　等
クライアントの競合他社、先進企業 等	● 類似の取り組み事例 ● 取り組み実施にあたっての課題　等

アクセンチュア作成

ルール：インタビュー先の立場・利害を常に意識する

　ある部署の業務効率化余地を把握するために、社員の方々にインタビューを行うとしましょう。しかし、インタビューされる部署にとっては、効率化余地があると判断されてしまうと人員縮小の憂き目にあうかもしれず、身構えている可能性があります。

　こうした場合、場の流れや質問の仕方を十分に工夫しないと、有益なインタビューとはなり得ません。例えば、企画が先方にとっても良い話であることをインタビューの最初にしっかり理解してもらうことは必須です（例えば、「業務効率化といっても、あくまで単純業務の負荷を減らして、より付加価値の高い業務にシフトしてもらうことが目的である」など）。

　しかし、インタビューする側とされる側の利害が異なることも大いにあります。そのような場合は、先方はあくまで自らの利に適う発言をするということを念頭に置いて解釈をしなければいけませんので、十分に留意してインタビューに臨んでください。

◼ ルール：人脈がなくても積極的にインタビュー対象者にアクセスする

　人脈を辿らずとも有識者にアクセスすることは十分可能です。参考となりそうな記事、論文、書籍に目星をつけ、その執筆者に積極的に連絡を取ってみましょう。

　今日では、大抵の研究者の方々はeメールアドレスを公開していますので、メールを送ってもよいですし、そうでない場合には手紙を書くという選択肢もあります。いずれの場合にしても、丁寧な自己紹介とわかりやすい趣旨説明に加えて、先方にもメリットがあると感じさせるような文面を心がけましょう。

　また、連絡を取る前に、Web検索でその執筆者の専門研究領域や、他の発表論文等を眺め、インタビュー対象として適切かどうかを確かめるのも一つの手です。

　アポイントメントがとれてからは、具体的なインタビューのシナリオや質問項目を準備していくことになりますが、これらについては、以降の「消費者インタビュー」の解説で詳述します。

消費者インタビュー

　消費者インタビューは、商品やプロモーションといったマーケティング関連の施策を検討する上で、消費者のニーズ、不満を抽出するために行います。企画の最も初期の探索段階で、気づきを得て仮説を持つために行うことが一般的です。

　消費者インタビューには、インタビューする側とされる側が1対1のデプスインタビューと、複数の消費者に同じ場でインタビューを行うグループインタビューがあります。

　ここからは、消費者インタビューについて、準備・実行の具体的なポイントを解説します。

◪ テクニック：対象者を選ぶ設問にこだわる

　消費者インタビューの対象者は、外部の調査会社のモニターの方々に簡単なアンケートを行って選定するのが通常の流れですが、この選定のための設問が極めて重要になります。インタビューに来ていただく方には当然相応の対価をお支払いすることになるので、この設問で工夫しないと、不適正な対象者までインタビューの対象者に選んでしまうことになります。

　例えば、「○○に興味がありますか」という質問に対して、実際はそれほどではないにもかかわらず「興味がある」と答えたほうがインタビューに呼ばれるのではと想像して「興味がある」という回答をしてしまう、といった具合です。従って、その設問だけでインタビュー対象者を選定してしまうと、手間とお金をかけて場をセットしたのに全く価値のない場になってしまいかねません。

　こうした事態を防ぐために、「選定の条件が分からないようにする」とともに、「もう一段階深い設問をする」という2点を実践するようにしてください。

　「選定の条件が分からないようにする」とは、要はダミーの設問を準備するということです。「○○への興味有無でターゲットを識別したい」とすれば、他の△△や□□に対する興味の有無も同時に聞くようにします。さらにしっかり選別作業を行いたいのであれば、全てに対して「興味がある」と答えた回答者よりも、領域によって興味有無が分かれている回答者のほうが正しく答えてくれている可能性が高いので、そうした回答者を優先的に選ぶようにします。

　「もう一段階深い設問をする」というのは、例えば「○○への興味の有無」についてだけでなく、そのきっかけや対処方法などを聞くことで、本当に興味がありそうなのかどうかをチェックする、ということです。

　また、実際に集まっていただいたときの時間を有効活用するために、対象者に関する基礎的な情報は、この選定のためのアンケート調査に盛り込んで事前に把握しておくようにしましょう。

◆ テクニック：インタビューシナリオは詳細まで書き出しておく

　対象者の選定が終わったら、インタビューシナリオと当日使用するコンテンツの準備にとりかかります。
　インタビューシナリオは、基本的なことですが、まずは簡単なアイスブレイクから入り、当日の目的と簡単な流れを説明した後に、回答者の方々が答えやすい質問から入って徐々に複雑な質問をするように組み立てましょう。
　当日慌てないためにも、シナリオは全体の大きな流れだけではなく、個別にどのタイミングでどんな質問をするかを全て書き出した上で望むべきです。自由な意見が欲しいときはオープンクエスチョン、収束させるときはクローズドクエスチョンというように、どんな質問の仕方をするのかも含めて考えておきます。2時間のインタビューを行うならワードで3〜5枚程度の詳細な流れと質問文を準備しておくくらいの具体化を目指しましょう。
　なお、有識者・ビジネス関係者インタビューでは、こうしたシナリオの作成を省略することが多いのですが、基本的な考え方は同じです。

◆ ルール：コンテンツとして対象者の「基本情報俯瞰シート」を準備する

　当日使用するコンテンツは、こちら側の関係者のみ手持ちで持っておくべきものと、消費者に提示するものの2タイプがあります。
　前者については、既に事前アンケートで回答頂いている各消費者の方々の情報を途中で再確認したいケースも多くありますので、一覧できる帳票として、「基本情報俯瞰シート」を準備し持っておくようにしましょう（図表3-12）。
　また、多人数の様々な発言を効率的にメモするために、各回答者×質問テーマで枠を切った空欄のシートを準備しておくのもよいでしょう（図表3-13）。前述のシナリオと合わせて、この3つがインタビューをする側の関係者が手持ちで持っておくべき基本セットです。

図表3-12　基本情報俯瞰シート（例）

		"睡眠"に対する悩み	気をつけていること	普段のライフスタイル
Aさん (男、33歳)	会社員(技術系)、既婚、子供あり、世帯収入：400万〜600万	生活に支障があるほどではないがいつも気になっている	・何もしていない	・コーヒー／炭酸／甘いものが多い ・毎日でないが飲酒、夜型のスタイル
Bさん (男、45歳)	会社員(技術系)、未婚、子供なし、世帯収入：600万〜800万未満	・・・	・・・	・・・
Cさん (男、61歳)	公務員、既婚、子供あり、世帯収入：400万〜600万未満	・・・	・・・	・・・
Dさん (女、31歳)	会社員(事務系)、未婚、子供なし、世帯収入：200万〜400万未満	・・・	・・・	・・・
Eさん (女、41歳)	専業主婦(主夫)、既婚、子供あり、世帯収入：400万〜600万未満	・・・	・・・	・・・
Fさん (女、75歳)	専業主婦(主夫)、既婚、子供あり、世帯収入：400万〜600万未満	・・・	・・・	・・・

アクセンチュア作成

図表3-13　「各回答者×質問テーマ」で枠を切った空欄シート例

	対処法・具体商品	対処法への不満	あったらいい商品(形状・効果を実感したい期間も)
Aさん(男、33歳)			
Bさん(男、45歳)			
Cさん(男、61歳)			
Dさん(女、31歳)			
Eさん(女、41歳)			
Fさん(女、75歳)			

アクセンチュア作成

◣ テクニック：コンテンツとして意見の呼び水となるネタを準備する

　意見の「呼び水」となるネタをインタビュー対象者のために用意することも重要です。消費者インタビューにおいては、具体的なアイデアやイメージが、呼び水として効果的です。なお、有識者やビジネス関係者インタビューにおいては、事例や思考のフレームワークを準備することになります。

　例えば、消費者の潜在的なニーズを抽出するためには、欲しい商品/サービスについて自由に話し合ってもらうだけでなく、そこで意見が停滞したときには、いくつか具体的な商品／サービスアイデアを投げかけてみるということを行います。また、ある商品に対して消費者が持っているイメージをあぶり出すために、いくつかのイメージ絵を準備しておいて商品のイメージに合っているものを選んでもらうといったことで、言葉では表現しにくい内容を把握するといった具合です。

　ただし、安易なイメージの提示は消費者の誤解を招いてしまうことになりかねないので、イメージを提示する場合には注意しましょう。例えば、これまでにない新商品の話をしてもらいたいのに、意見を引き出そうという意図で安易に既存商品の写真をいくつか提示してしまうと、どうしてもその既存商品のイメージに引きずられた会話になってしまい、本来聞きたいことが聞けない、あるいは誤解を解くために不要な時間を費やしてしまいますので注意が必要です。

◣ テクニック：グループインタビューの人数は6〜8名にコントロール

　グループの単位は6〜8名程度が基本です。経験上、5名以下だと消費者同士の議論の発散が起きにくくなります。一方、9人を超えてくるとインタビューのハンドリングが難しくなります。

◧ ルール：性別やライフスタイルの異なる消費者を同一グループに混ぜない

　グループインタビューの大きな目的は、消費者同士で共通の話題で盛り上がってもらい、そこから気づきを得ることです。そのためにも、各グループができるだけ等質な集団となるようにする必要があります。
　例えば、極力男女は別のグループで聞くべきであり、また女性の中でも、主婦と独身OLは生活スタイルや志向が異なるので、別のグループにしたほうが良いでしょう。

◧ テクニック：意見の偏りを避けるためにインタビューは2回以上実施

　同じ消費者グループのインタビューを、少なくとも2回以上は実施するようにしましょう。6人のインタビューを1回行っただけでは、意見に偏りがあって実態を読み誤ってしまうことが多くあります。

◧ ルール：消費者の属性に合わせたスケジューリングを心がける

　インタビューを行う日、時間にも留意してください。極端な例でいうと、30～40代男性を対象として平日の昼間の時間帯にインタビューを実施すればどうなるでしょうか。おそらく、平均的な30～40代男性の生活スタイルとは乖離したグループにインタビューをすることになり、実態を読み誤ってしまうでしょう。自分が実施しやすい日、時間帯ではなく、集まって欲しい人々が集まりやすい日、時間帯に合わせてスケジュールを組むようにしましょう。

◧ ルール：消費者に心理的圧迫を与えないため、インタビュー実施側の出席者に留意する

　インタビューの部屋ですが、外部の調査会社に確保をお願いする場合には

マジックミラーで外から様子を窺える専用の部屋を準備してもらえますが、当然その分費用も嵩みます。一方、一般的な会議室などでインタビューを行うことも十分可能ですが、その場合は、インタビューに同席するこちら側の関係者の人数には留意するようにしましょう。

全体参加人数に対して席に余裕がある大きな部屋を確保した上で、集まっていただく消費者の半分程度の人数であれば、こちら側の関係者が同席していても消費者の方々に圧迫感を与えることなくインタビューを進めることができます。

テクニック：モデレーターは極力当事者が担当する

インタビュー時の司会者（モデレーター）は、極力その企画の検討を進めている当事者が担当することをお勧めします。

当然、外部の調査会社にお願いすればプロの司会者を準備してくれますが、インタビューの場で想定外の流れになった場合に、目的に応じて臨機応変に対応してインタビューできるのは、やはり当事者です。

ファシリテーションの品質は、その道のプロではなくとも十分に担保できます。私たちコンサルタントが消費者インタビューで司会をする場合も、仮に入社したばかりの社員でも、事前にインタビューシナリオとコンテンツの準備がしっかりとできていれば、全く問題なく遂行可能です。

また、コストの観点でも、インタビュー室とモデレーターの両方を委託する場合と、自分たちで行う場合では概ね倍のコスト差があります。

なお、自分たちで司会を選ぶ場合、司会者の選定は話しやすい雰囲気を持った方、作り出せる方がよいのは当然ですが、加えて、「消費者の気持ちを理解しやすい」「消費者の方々に中立的に話をしてもらう」という意味でも、集まっていただく消費者属性とできるだけ近い方が望ましいです。

ルール：当事者からの発言は少ないほど良い

インタビュー時の会話の進め方ですが、まず、こちら側の関係者からの質

問は極力司会者1人に絞るようにしましょう。さらに、司会者もできるだけ発言せずに消費者同士での会話を盛り上げることがベストです。

テーマが脱線しそうで仕切りが必要なときか、会話が停滞して呼び水が必要なとき以外は、インタビューの当事者は極力口をはさまない、という姿勢で臨みましょう。

◤ ルール："話す機会を均等に"という配慮は不要

具体的にインタビューの場を仕切る上では、集まった消費者の方々の中で、深く話を引き出すべき方とそうでない方を見極めることも重要です。

極力こちらが求めるターゲットの方々に集まってもらえるように対象者を選定したとしても、それでも各グループで1人2人は、そもそもインタビューの対象とはズレてしまっている方が来てしまうことは往々にして発生します。こうした方は、自己紹介やテーマに関して普段心がけていることなどを聞く初期の段階ですぐに分かってしまいますので、それ以降はこちらからあえて話を振らなくても構いません。

一方、話したがりで、放っておくとその方ばかりが話してしまい、他の方の話が聞けないケースもよくあります。この場合は、他の方に話を振るようにあえて仕切っても構いません。

さらに人単位でのメリハリだけでなく、意見毎にも信頼性に足るものかどうかに頭を働かせながら、司会者は、取り入れる価値のある意見とそうでない意見を仕分け、インタビューにメリハリをつけることが重要です。

◤ テクニック：発言の信頼性を見極めるための問いかけをはさむ

インタビューの参加者は、当事者ではないために適当に回答しているだけのこともありますし、一方、「報酬をもらっているからには良いことを言おう」という心理が働き、実施者を喜ばせるような発言をしてしまったりします。ですので、参加者の発言をそのまま鵜呑みにしないことが重要であり、理由を深掘りして聞くか、逆の意見を提示したりして、発言の信頼性を見極

めることも重要です。

　例えば、新商品のアイデアをいくつか提示したときに全てに好反応だった方がいた場合、それはもしかして、よく考えずに適当に答えているだけかもしれません。「具体的にどこがいいのか」「なぜいいと思うのか」を深掘りして聞いたときに曖昧な返事が返ってくるようであれば、その意見は評価に組み込むべきではありません。

　あるいは、「ある商品をある価格で買いたいと思うか」という質問の場合、周りに見栄を張って、本来購買意向のある価格よりも高めの価格を提示されても「買う」と答えてしまうかもしれません。そのような場合は、逆の意見を提示することで、その信頼性を測ります。

　具体的には、「他のグループでは、その価格だと高いという意見がほとんどだった」という話を出してみて、「やっぱりそうだよね」となるか怪訝な顔をするかで、先ほどの意見の信頼性を見極めることができます。

◢ テクニック：軌道修正を図るためにインタビューは休憩を挟む

　最後にちょっとしたテクニックですが、途中の休憩は、参加者の方々のためだけでなく、インタビューする側が軌道修正を図るための貴重な機会なので、ぜひ1回は挟むようにしましょう。

第4章

リサーチのケーススタディ

本章では、いくつかの仮想的なリサーチ例を題材に、具体的なリサーチ作業の進め方・アウトプット化について解説していきます。

各ケースにおいて、第1章で紹介した「リサーチの作業ステップ」、つまり「目的の確認」「リサーチプランの設計」「リサーチの実行・アウトプット化」の流れに沿って、解説していますので、"何のためにこのリサーチを行うのか"、"どうやって答えを導き出していくのか"、"どういう見せ方を心がければよいのか"ということを意識しながら読み進めてください。

Point 1 【顧客を調べる①】取引先の実態を調べる

目的の確認

　ある日用品メーカーが営業の効率化を進めようとしていると仮定します。現在は、中小の小売店にまで直接セールスパーソンが訪問して受注を取ってきている状況であり、ここに効率化余地があるのではないかという粗い仮説があります。しかし、営業の回り方を変えればいいのか、1店あたりの滞在時間を減らせばよいのか、あるいは、そもそも訪問しなくてもよいのか、効率化の方向性は多岐に渡り、どうすべきかをこれから見極めていく必要があります。

図表4−1　リサーチの目的

答えるべき問い	1	中小小売店への営業活動効率化にむけてとるべき方向性は？
	2	業界全体として、直接訪問以外での受注はどのくらい浸透しているのか？
	3	特に、インターネットによる受注の浸透度は？
	4	直接訪問以外での受注によって、受注減のリスクがあるか？
	5	受注減のリスクをどうすれば減らし得るか？
企画のステージ		仮説立案／仮説検証
まとめるイメージ		具体的な定量データを提示することで、上司など社内の幹部の意思決定を促す資料をパワーポイント数枚程度で作成する

アクセンチュア作成

そこで、具体的な効率化の方向性の仮説を出し、検証していくために、中小の小売店からの受注の実態や今後の意向を調べることとしました。

リサーチプランの設計

　本件は小売業者の実態を調べる必要がありますので、いわゆる一般的なWeb検索や文献などからは、なかなか情報がとれないことが予想されました。従ってデータを「さがす」というよりも「つくる」手法を活用することとし、その中で仮説立案のために「フィールド調査」、仮説検証のために「アンケート調査」をリサーチ手段として用いることにしました。

　自社活動の改革における仮説立案では、とにかく現場に行ってみることが一番です。なので今回も、「フィールド調査」で自社のセールスパーソンの訪問に同行することにしました。営業同行は、スピードが求められているため最小限の人数で済ませる必要がありましたが、1名のみだと個人の特殊な傾向に引きずられて間違って解釈してしまうリスクが高いので、複数人に実施しました。また、社内の評価が高い方と低い方それぞれに同行することで、比較による示唆が出やすいようにしました。そして、仮説検証において

図表4-2　リサーチの手法

調査技法	情報源	取得したい情報
アンケート調査	外部アンケート会社を活用	小売店におけるメーカーへの発注（特に直接訪問時以外）の実態
フィールド調査	取引先	自社の営業活動の実態

アクセンチュア作成

は、ある程度定量的にデータを示すことで説得性・納得性を上げる必要があったため、「アンケート調査」を選択しました。

なお、自社のセールスパーソンによる取引先へのインタビューも、今回のリサーチにおける効果的な手法としての選択肢の一つではありますが、合意形成、実行に時間がかかり、現場に負荷をかけることになると判断しました。そして、今回はスピードが求められていたので、インタビューではなく、外部の調査会社を活用したアンケート調査を行うこととしました[*1]。

リサーチの実行・アウトプット化

◆ フィールド調査で大枠を捉える

まず、営業同行による「フィールド調査」によって、いくつか改善策の仮説が見えてきました。たとえば、社内評価の高い方は、低い方に比べて営業先の回り方（ルートの選び方）が効率的であるように見受けられました。また、評価が低い方は、1店あたりの滞在時間が長めに見受けられました。

そして、もっと大きな問題も見えてきました。それは、社内評価の高低にかかわらず全ての方が、わざわざ訪問する必要性が感じられない店舗を相当数訪問していたことです。

たしかに、今納入されていない商品を提案したり、注文された品を送り届けたり、少なくとも誰かが訪問する必要があるように思われる場合もありました。しかし、訪問先の半数以上では、先方の注文を受けるだけであり、その注文内容も、既に納入されている商品で在庫が切れそうな品を補充するための定期的かつ単純な注文であり、わざわざセールスパーソンが行って注文を受ける必要性がないことがわかりました。

[*1] 第3章：フィールド調査「ルール：検証したいポイントを明確化する」（111ページ）。

こうした訪問を、インターネットや電話などによる受注で代替できるのであれば、セールスパーソンが訪問する先は大幅に絞られ、大きな効率化につながります。したがって、他にもいくつかの改善余地がありましたが、このテーマを最優先で取り組むべき改革の方向性の仮説として定め、深掘り、検証を行うことにしました。

◢ 仮説をアンケート調査で検証する

　しかし、この説を社内の関連者に軽くぶつけてみたところ、「セールスパーソンが直接訪問するからこそ発注してくれるのであり、直接訪問でなければ売上に悪影響が出るので、インターネットや電話による受注の仕組みは導入すべきでない」という声もありました。また、「そもそも中小の小売店だと業務上のインターネット利用がまだ浸透していないので、インターネット受注は難しいのではないか」という懸念もありました。

　営業活動の効率化を前進させるには、仮説を検証しつつ、社内の否定的な意見に対峙できるような提言に取りまとめていく必要があるので、この仮説を定量的なデータを用いて説得性、納得性を高めることとし、アンケート調査に進むことにしました。

　アンケート調査は、これまでの流れから、Web／電話／Faxでの受注の可能性を探ることを大目的として、具体的な答えるべき問いは4つ（図表4−1「リサーチの目的」における、答えるべき問い2〜5）としました。

　ここからは、当アンケート調査における設計・実行上の要点を、最終的なアウトプットのイメージとセットで解説していきます。

◢ 業界全体として、Web／電話／Faxでの受注はどのくらい浸透しているのか？

　まず「業界全体として、Web／電話／Faxでの受注はどのくらい浸透しているのか？」についてのアンケート調査から見ていきましょう（図表4−3）。

図表4-3　中小小売店における仕入れ業者別の発注手段

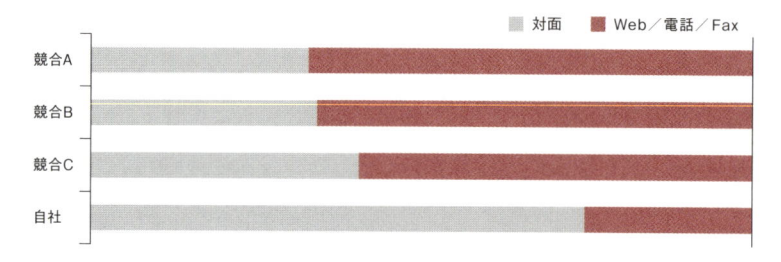

　　　　　　　　　　　　　　　□ 対面　　■ Web／電話／Fax

競合A
競合B
競合C
自社

アクセンチュア作成

　ここでは、中小小売店の発注手段の傾向を、全体だけではなく仕入れ業者（メーカー）別に分けて聞いたことがポイントです[*2]。

　それによって、競合メーカーは総じてWeb／電話／Faxでの受注が主であり、対面受注にこだわっているのは自社だけであることがわかりました。
　ただしこの段階で、「自社がWeb／電話／Faxでの受注に舵をきるべきである」という結論を出すのは早計に過ぎます。なぜなら、競合他社がWeb／電話／Faxで受注しているところを、あえて自社が対面営業することで、それが競合に対する自社の差別化要因、強みになっている可能性があるからです。従って、後段で述べる「Web／電話／Faxでの受注にすることによるリスクの見極めとその対策」の検討が重要となってきます。

▼ 特に、インターネットによる受注の浸透度は？

　次に「特に、インターネットによる受注の浸透度は？」というアンケート結果を見てみましょう。

---

*2　第3章：アンケート調査「Ⓐ母集団を選ぶ：仮説の広さに対応できるよう母集団を設計する」（87ページ）。

図表4-4　中小小売店におけるインターネット利用状況

業務でのインターネット利用率 ／ インターネット発注利用率

業態別／規模別／…

アクセンチュア作成

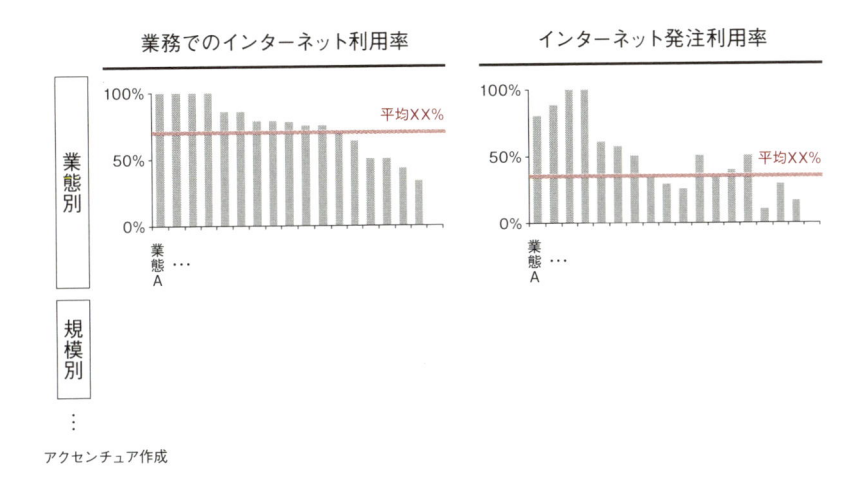

　ここでのポイントは大きく2つです。1つ目は、仮説に基づいた設問の工夫です[*3]。

　現時点では、発注業務にインターネットを活用している中小小売店はまだ少ないという仮説でしたので、発注業務だけでなく、業務全体としてインターネットを利用しているかどうかという設問を織り込みました。

　それによって、現時点の状況だけを見て諦めるのではなく、少なくとも業務全体でのインターネット利用率は高いことから、こちらからの働きかけによっては発注業務においてもインターネット利用を促進できる可能性があるということを示すことができます。

　2つ目は、業態や規模などのタイプ別の傾向を見たことです[*4]。それによって、どんな小売店であればインターネット発注を利用する可能性が高いかを識別することができました。

[*3] 第3章：アンケート調査「ルール：実査前に分析グラフのイメージとメッセージの仮説を持つ」(92ページ)。
[*4] 第3章：アンケート調査「Ⓐ母集団を選ぶ：テクニック：仮説の広さに対応できるよう母集団を設計する(87ページ)。

第4章｜リサーチのケーススタディ

◢ Web／電話／Faxの受注による受注減のリスクがあるか？

次に「Web／電話／Faxでの受注によって、受注減のリスクがあるか？」というアンケート結果を見てみましょう。

「直接訪問でなければ発注が減るか」と直接聞いたところで、顧客自身もはっきりしたことはわからず、適当な回答になってしまうことが想定されます。このように、直接聞いても信頼性の高い情報が得られそうにない場合は、複数の設問を組み合わせるような設計の工夫をします。

ここでは、「発注手段は対面か否か」ということと、「過去3年間に仕入れ量が減ったかどうか」ということを別々に聞きました[*5]。このように要素を分解したことで、個々の設問に答えやすくなって信頼性が高まります。

2つの質問を組み合わせて分析することで、Web／電話／Faxの受注の場合は長期的には仕入れ量が減りやすい傾向にあることがわかりました。

図表4-5　受注手段別の仕入れ量増減傾向

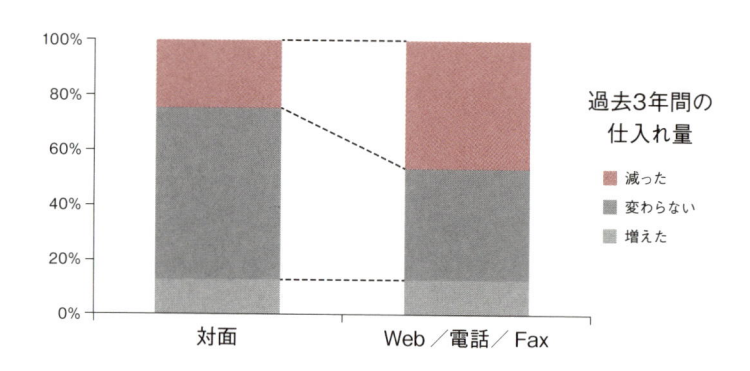

アクセンチュア作成

[*5]　第3章：アンケート調査「テクニック：選択肢の切り出し方にこだわる」（94ページ）。

受注減のリスクをどうすれば減らし得るか？

　最後に「受注減のリスクをどうすれば減らし得るか？」というアンケート結果です。
　アンケートにおいて「どうすればいいか」と自由設問で投げかけたところで、良い回答は得られません[*6]。回答者が答えやすいように丁寧に設問を設計する必要があります。
　ここでは、仮説ベースで具体案を選択式にして選んでもらうようにしました[*7]。これによって、条件によっては直接発注以外での発注に積極的に移行

図表4-6　Web／電話／Fax受注移行のための条件

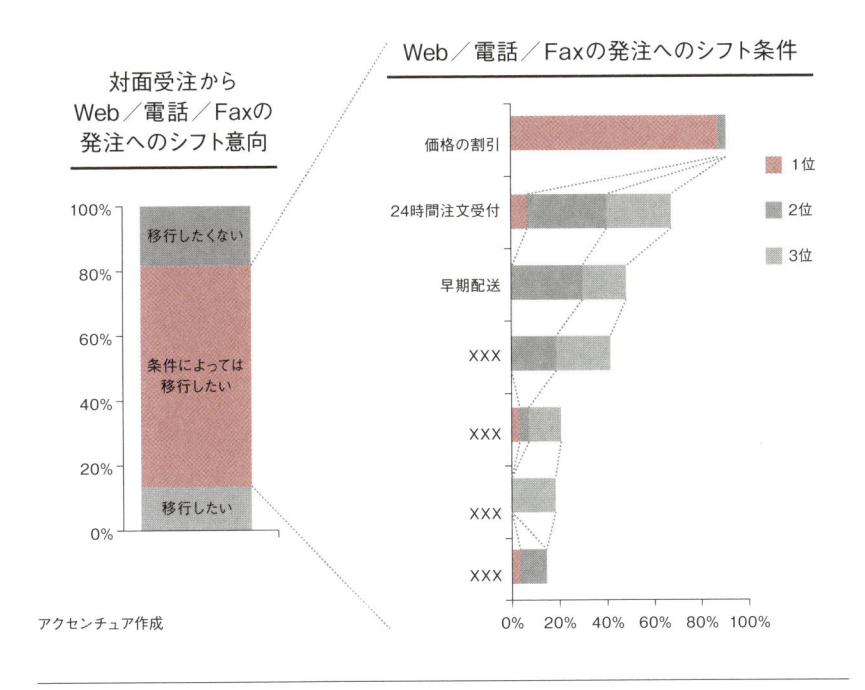

対面受注から
Web／電話／Faxの
発注へのシフト意向

Web／電話／Faxの発注へのシフト条件

- 価格の割引
- 24時間注文受付
- 早期配送
- xxx
- xxx
- xxx
- xxx

1位／2位／3位

アクセンチュア作成

---

*6　第3章：アンケート調査「ルール：自由回答に期待しすぎない」（95ページ）。
*7　第3章：アンケート調査「テクニック：選択肢の切り出し方にこだわる」（94ページ）。

してもらえる可能性があることと、その条件の具体的な方向性を示すことができました。

つまり、Web／電話／Faxでの受注に切り替えること自体は他社も実施しており、自社もその方向性に変えていくことは可能であると推察できるものの、小売店側にしてみると発注業務を自ら実施する必要があるため、何らかの小売店側にとってのメリット、インセンティブがないと切り替わりにくい、あるいは切り替わったあとに中長期的に売上が減少するリスクがあることがわかりました。

また、この対策として小売店へ提示する条件として、「Web／電話／Faxでの発注とすることで取引価格を優遇すること」「従来業務時間内でしか発注できなかったが、直接発注以外での発注とすることで24時間対応できるようになること」「配送期間・リードタイムが短くなること」といったことが有効な打ち手となりうることが判明しました。

リサーチの総括

ただしこの段階で「よってWeb／電話／Faxでの受注をすすめるべし」とは、まだ言い切れません。方向性を決定するためには、今回のリサーチ結果で判明した小売側へのインセンティブづけの設計とその導入による自社の収支へのインパクトを算出する必要があります。つまり、「Web／電話／Faxでの受注推進による業務コスト削減効果」＞「小売店へのインセンティブ導入によるコスト増」となるかの見極めが必要だと思われます。

ですから、今後は、費用対効果の面での深掘り検討をしていく必要があると結論づけました。

Point 2 【顧客を調べる②】商品の消費動向を調べる

目的の確認

　ある食品メーカーが、自社商品Aのマーケティング戦略の見直しを検討しています。商品Aは、売上が思ったより芳しくなく、「本来狙っているターゲット顧客を取り込みきれていないのではないか」「想定している利用シーンは正しいのだろうか」という懸念が社内からあがっています。しかしながら、大々的に調査を行うと手間とお金がかかるので、その前に、まずはクイックなリサーチをしてみて、もう少し具体的に課題の所在を明らかにしておきたいと考えています。

　今回のリサーチの「答えるべき問い」は、「商品Aがどんなターゲットに買われているか」「どんなロケーション・時間帯に消費されているのか」の2つです。また、示唆を出しやすいように競合商品もあわせて調査して、比較してみることにしました（図表4－7）。

図表4-7　リサーチの目的

答えるべき問い	商品Aがどんなターゲットに買われているのか？　どんなロケーション・時間帯に消費されているのか？
企画のステージ	仮説立案
まとめるイメージ	分析結果のグラフ／表（誰かに説明する資料ではなく、課題仮説を立てるためのものなので、パワーポイントへの資料化は割愛することにした）

アクセンチュア作成

リサーチプランの設計

実は当初、「さがす」系の「Web検索」などによってクイックにリサーチをしてみたのですが、商品別にターゲットやシーンの実態が分かるような情報は見つかりませんでした。どうやら「つくる」系リサーチで進めるしかなさそうです。

とは言っても「アンケート調査」はリードタイムもコストもかさむので、今回の目的を踏まえて、比較的クイックに結果を出せる「ソーシャルリスニング」で対応することとします。ツールは、第3章で紹介した「クチコミ@係長」を使うこととします[*8]。

今回のリサーチでは、時間帯別など細かく分類して分析をすることが想定されるので、リサーチする媒体としては、メッセージ数が圧倒的に多いTwitterを活用します。Twitterは、ツイートした時間もあわせて取得できますので時間帯別の分析に有効です[*9]（図表4－8）。

図表4－8　リサーチの手法

調査技法	情報源	取得したい情報
ソーシャルリスニング	Twitter （クチコミ@係長）	商品Aの主な購買層、主な消費シーン

アクセンチュア作成

[*8] 第3章：ソーシャルリスニング「テクニック：ソーシャルリスニング専用ツールを活用する」(102ページ)。
[*9] 第3章：ソーシャルリスニング「ルール：目的に合わせて適切なメディアを選ぶ」(100ページ)。

リサーチの実行・アウトプット化

▶ 「答えるべき問い」についてのおさらい

リサーチにおいては、常に「答えるべき問い」を意識する必要があります。今回のリサーチにおける「答えるべき問い」について、あらためて見直してみましょう。

1）答えるべき問い①：商品Aがどんなターゲットに買われているのか？
　ソーシャルメディアはその性質上、発信者（つまりターゲット層）の精緻な把握には向いていませんので、ローデータ（1件1件の消費者のコメント）そのものの内容から、ターゲットの属性を推察することにします。
　具体的には、食用シーンに関連するワード（オフィス、バイト、学校、など）を含むかどうかで分類し、「オフィスを含むなら社会人」「バイトや学校を含むなら学生」といったように、発信者の属性を推察していきます。

2）答えるべき問い②：どんなロケーション・時間帯に消費されているのか？
　これはTwitterの得意分野と言えます。140文字という文字数制限があることから、一つのツイートに含まれるワード間の文脈的な繋がりが強く、またツイート内容の発生した時間帯とそのツイートが投稿された時間帯とが近接している可能性が高いからです。噛み砕いて言えば、一つのツイートに「オフィス」と「食べた」が同時に含まれていれば「オフィスで食べた」可能性が高く、さらに「オフィスで食べた」のは投稿した時間と近い可能性が高いのです（これは、あくまでもブログのような長文メディアに比べて相対的に言えることです）。

▶ 時間帯別の分布の確認

食用シーンに関連するワードが含まれているツイートについて、投稿され

た時間帯別の分布状況を見ていきましょう。

　作業としてはまず、商品名でヒットしたツイートのローデータをツールから出力します[*10]。続いて、上記の分析に必要な属性データを各ローデータに付与していきます[*11]。

　今回は、食用シーンを分析軸の一つとしたいので、「仕事」「会社」「職場」などといったワードが含まれているツイートを「オフィス」として分類しました。ここはどんなワードが含まれていればどんな分類にするかを、相応の工数をかけて考えなければいけないところです。

　想像するだけだと大事なワードが抜け漏れしてしまいますので、実際にローデータを見ながら考えていきます。また、例えば「オフィス」と分類されたツイートがオフィスで食用したというツイートではなく、食用とは関係なくたまたま同じツイートにワードが含まれていただけというリスクも大いにありますので、実際にローデータを見ながら進めていくことで、そのチェックも怠らないようにします。

　属性データの付与が済んだので、いよいよ集計・グラフ化してみましょう。今回はクイックに以下のような形で表とグラフにしてみました[*12]。

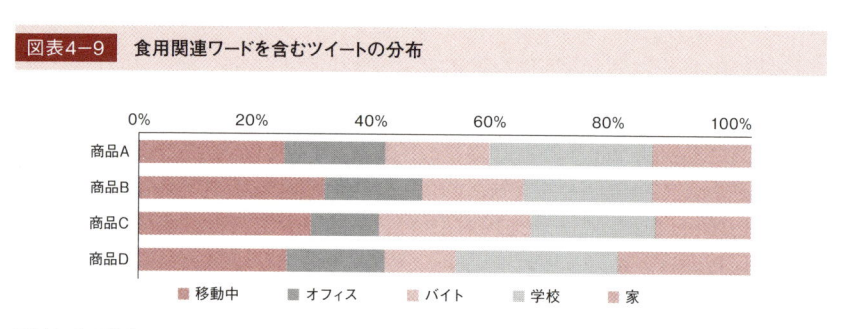

図表4-9　食用関連ワードを含むツイートの分布

アクセンチュア作成

[*10]　第3章：ソーシャルリスニング「テクニック：ツール任せではなく、ローデータを引っこ抜く」(103ページ)。
[*11]　第3章：ソーシャルリスニング「テクニック：属性データの振り付けがインサイト導出の肝」(104ページ)。
[*12]　第3章：ソーシャルリスニング「テクニック：付与した属性データを可視化する」(105ページ)。

図表4-10　ツイート時間帯分布

商品名	7〜10時	11〜14時	15〜19時	20〜24時	0〜6時
商品A	9%	15%	23%	33%	20%
商品B	14%	20%	21%	32%	14%
商品C	15%	23%	25%	27%	9%
商品D	13%	21%	20%	31%	15%
平均	13%	20%	22%	31%	15%

アクセンチュア作成

　まず、食用シーン別の分析ですが、商品Aが狙っていたターゲットシーンであるオフィスは、他のシーンと比較しても競合と比較しても大して大きくないことがわかりました。むしろ、「学校」の数値が高く出ており、現状の主要購買層は社会人ではなく学生である可能性が高いことがわかりました。

　ツイート時間帯分布では、商品Aが狙っていた主要シーンである夕方は、他の時間帯と比較しても競合と比較しても大して大きくなく、一方、20時以降の夜、深夜の時間帯に多く食用されている可能性があることがわかりました。

リサーチの総括

　答えるべき問いに立ち戻り、商品Aがどんなターゲットに、どんなシーンで消費されているのかを推察してみると、「学生が学校の前後や夜間に食べている可能性がある」ということがわかってきました。これが本当であれば、広告、プロモーションは当然のこと、商品そのものにまで手を入れる必要があるかもしれません。

　今回のようなクイックなソーシャルリスニングで得られた推察は、あくまで推察の域を出るものではありません。しかしながら現に「ターゲット／シーン設定に課題が存在する可能性が高い」ということがわかったため、本腰を入れて課題を究明し、打ち手を検討していくことにしました。

Point 3 【業界・市場を調べる①】市場規模・成長性を調べる

目的の確認

　乾燥パスタを製造するメーカーが新規国に進出したいと考えており、どの国が有望かの判断材料になるような情報を集めたいと考えています。収益性や競争環境など、判断材料として必要な要素は様々ありますが、ここでは最も基本的な要素である市場規模・成長性についてリサーチします。また、現状だけでなく、将来的な見込みも含めて情報を集め、洞察することが求められていることにします。リサーチの目的は図表4－11のとおりです。

図表4-11　リサーチの目的

答えるべき問い	国別の市場規模と市場の成長の可能性に影響を与える要素は何か？
企画のステージ	基礎理解
まとめるイメージ	上司へのクイック報告用パワーポイント資料1～2枚

アクセンチュア作成

◤ リサーチプランの設計

　今回のリサーチはあくまで基礎理解のフェーズですので、使用するリサーチ技法は、既にある情報を探してうまく組み合わせる「さがす」系にします。まず、国別の基礎データとして取得しやすいのは、人口やGDPといったマクロデータです。技法編で示した通り、世界開発指標（World Development Indicators、通称WDI）が有用ですので、それをまずはあたることにします[13]。

　一方でパスタの消費量といった業界ピンポイントのデータは、なかなか取得できません。パスタ関連や原料である小麦関連の業界団体・主要メーカーが情報を出していそうなので、まずはWebでそのあたりを検索してみると同時に、市場調査会社が出しているレポートをあたってみることにしました。

　そしてその結果、Euromonitorのデータがデータのメッシュや鮮度の点で最も有用であると判断し、これを活用することとしました[14]（図表4－12）。

図表4-12　リサーチの技法

調査技法	情報源	取得したい情報
Web検索	検索エンジン	各国食文化情報
公的調査・統計	WDI（世界開発指標）	国別GDP、インフレ率
調査レポート	Euromonitor	国別パスタ消費量

アクセンチュア作成

---

*13　第2章：公的調査・統計活用「テクニック：海外マクロデータはまずは世界銀行をあたる」（61ページ）。
*14　第2章：民間調査レポート活用「テクニック：まずはメジャーな調査会社を知っておく」（72ページ）。

リサーチの実行・アウトプット化

調査レポートからパスタ市場の規模と成長性を探る

　まずは基礎理解のために、各国の現状のパスタ消費量と成長率のデータを取得し、全体を俯瞰するためにグラフ化してみます。ソースは前述の通りEuromonitorの調査レポートで取得しました。ちなみに、規模と成長性のグラフは、横軸に規模、縦軸に成長性で示すのが王道です（図表4-13）。

　グラフを見ると、例えばA国が規模、成長性の両面から有望に見えます。しかし、このグラフはあくまで現在の消費量と成長性ですので、これからも同じペースで成長していくのかはわかりません。

　さて、ここからが本題です。前提として、今後の市場規模予測は調査レポートなどに掲載されている場合もありますが、過去のCAGR（Compound Annual Growth Rate：年平均成長率）を引き伸ばした程度のものが多く、基本的にはほんの参考程度でしか活用できません。将来性をしっかり見極めたいのであれば独自のリサーチ・分析が必要です[*15]。

図表4-13　パスタ市場の規模・成長性

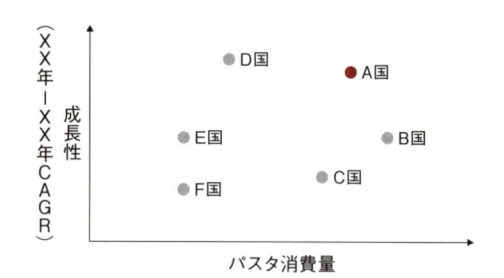

縦軸：成長性（XX年-XX年CAGR）　横軸：パスタ消費量

アクセンチュア作成

[*15]　第2章：民間調査レポート活用「ステップ④：内容はそのまま使わず『必要なデータは加工して作り出す』」(78ページ)。

◢ 要素分解して予測する

　何かを深く考えたい際、要素分解は汎用的で有効なアプローチですので、今回も市場規模を要素分解して考えてみましょう。すなわち

　　市場規模　＝　人口　×　1人あたり消費量　×　単価

と分解してみます。市場規模を分解する際には最も基本的なやり方です。その上で、それぞれの要素の将来の予測の仕方について考えていきます。
　まず、人口はWDIなどの世の中の統計予測値が確からしいので、そのまま利用すれば済みます。また、単価もそれほど難しくありません、詳細は割愛しますが、各国の今後のインフレ率を加味すれば一定の精度で予測できます。
　一方、こうしたケースのときに難しいのは「1人あたり消費量」です。対象となる商材／サービスによって様々な特徴があり、試行錯誤が必要な領域です。以降、この"1人あたり消費量"の将来見込みに焦点を合わせて考えていきます。

1）所得水準と1人あたり消費量の関係を見る
　多くの商材／サービスでは、所得水準が増加するに連れて1人あたり消費量が増えていきますが、所得水準がある一定レベルに到達すると1人あたり消費量の成長は止まる（飽和する）という傾向があります。
　したがって、パスタについてもそうした傾向があるのではないかという仮説を持ってリサーチ、分析に臨むこととします。
　分析のために欲しいデータは、"各国のパスタの1人あたり消費量（経年）"と、"各国の1人あたりGDP（経年）"です。第2章で触れた「公的調査・統計活用」「民間調査レポート活用」のソースをあたれば取得できます。
　データのグラフ化にあたっては「パスタの1人あたり消費量」と「1人あたりGDP」という2軸で作成することにします。今回は、横軸に1人あたりGDP、縦軸にパスタの1人あたり消費量をとった上で、国をプロットしま

した（図表4－14）。

　国は色によって判別できるようにしましたが、年については具体的な年を表示しなくても全体傾向を読み取ることはできるので、グラフをうるさくしすぎないために割り切りました。

　一見、国別にバラバラで傾向がないように見えます。所得水準と1人あたりパスタ消費に各国共通の傾向があるのではという仮説はどうやら外れてしまったようです。

　イランやトルコ、エジプトといった国は、GDP／人の成長にあわせてパスタ消費／人も伸びているようですが、シンガポール、韓国、台湾といった国は、GDP／人が増えてもパスタ消費／人は低いままです。少なくとも全ての国を一緒に語ることには無理がありそうです。

図表4－14　パスタ市場の規模・成長性

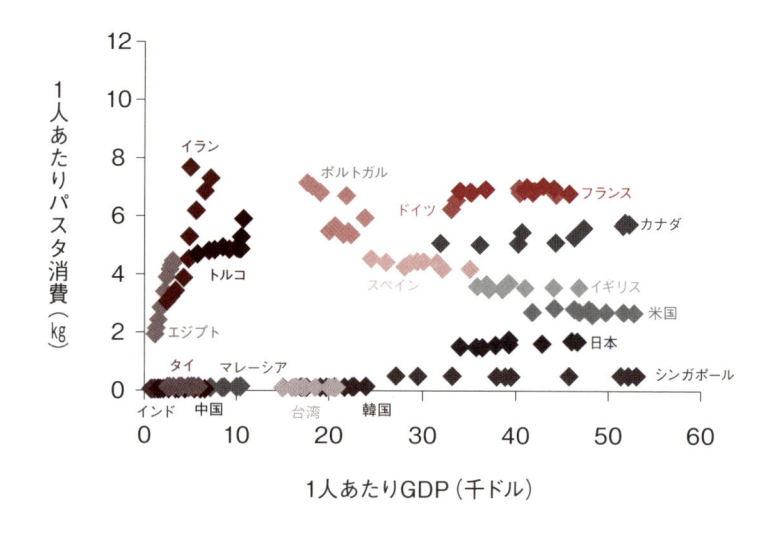

出所：Euromonitorデータをもとにアクセンチュア作成

2）共通の傾向で分類し背景を探る

今回のように全体での共通の傾向が見られない場合には、数値上同じ傾向を持つ国を括ってタイプ分けしてみた上で、なぜそうなっているのか、各国の定性的な特徴などの背景を考えてみることが有効です。

図表4－15　パスタ市場の規模・成長性

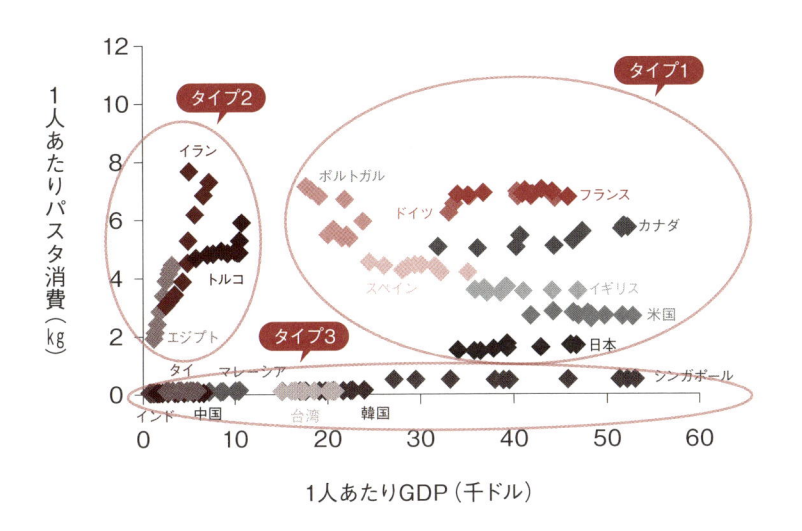

縦軸：1人あたりパスタ消費（kg）
横軸：1人あたりGDP（千ドル）

タイプ1：ポルトガル、ドイツ、フランス、カナダ、スペイン、イギリス、米国、日本
タイプ2：イラン、トルコ、エジプト
タイプ3：インド、中国、タイ、マレーシア、台湾、韓国、シンガポール

出所：Euromonitorデータをもとにアクセンチュア作成

なんとなく、ではありますが、大きく3つくらいのタイプがありそうです（図表4－15）。

タイプ1は、フランスやドイツといった高GDP／人、高パスタ消費／人で、GDP／人が変化してもパスタ消費／人は変わらない国々。このタイプは、どうも今後もパスタ消費は変わらなそうです。

第4章　リサーチのケーススタディ　149

タイプ2は、イランやトルコ、エジプトといった低GDP／人ながらGDP／人の成長にあわせてパスタ消費／人が増えている国々。このタイプは、今後の成長の動向次第で市場の有望度が大きく変わりそうなので、もう一段階深い考察が要りそうです。

　タイプ2について、タイプ1との比較で見てみましょう。タイプ1の国は、横軸のGDP／人が概ね2万ドルを超えています。一方、タイプ2の国々のGDP／人は概ね1万ドル以下です。従って、もしタイプ1がタイプ2の未来なのだとすると、GDP／人が1万～2万ドルのあたりにパスタ消費量／人が飽和するという法則があるのかもしれません。

　タイプ3は、シンガポール、韓国、インド、タイなど、GDP／人に関係なく、1人あたりパスタ消費量が低いタイプです。このグラフを見る限りは今後も成長は見込めなさそうですが、イマイチなぜなのかよくわかりません。しかし、納得感ある背景、理由がないことには判断に足る有益な情報とはなりませんので、もう一段階考察を深めましょう。

　タイプ3に分類される国（シンガポール、韓国、台湾、中国、タイ、インド）を並べて見てみると、全てアジアの国という共通項が浮かびます。そうであれば、アジアならではの食に対する特徴がパスタ消費に影響を及ぼしているのかもしれません。確かに、タイプ3の国は主食が米であり、なおかつ日本などと比べて自国の食文化が強く、パン・小麦という外来食の浸透が見込み難い国といえそうです。一方、タイプ1や2の国は、そもそも欧州のようにパン・小麦文化であるか、日本のようにもともとはパン・小麦文化ではないものの外来食が浸透している国のようです。

リサーチの総括

　ここまでに考察してきたことを、図表4－16のように整理しました。

国のタイプ毎の傾向、特徴をわかりやすくするために、タイプ3については切り出しています。一方、タイプ1と2は、パスタ消費／人が飽和する所得水準のラインが存在する可能性を示したいので、一つの括りとして見せています。
　また、この時点での考察、メッセージはまだ仮説の段階に留まっていますので、今後追加で考察／検証すべき事項を追記しています。

図表4-16　各国の1人あたりパスタ消費予測の考え方

[国ごとの食文化と所得水準によって成長可能性が変わってくる]

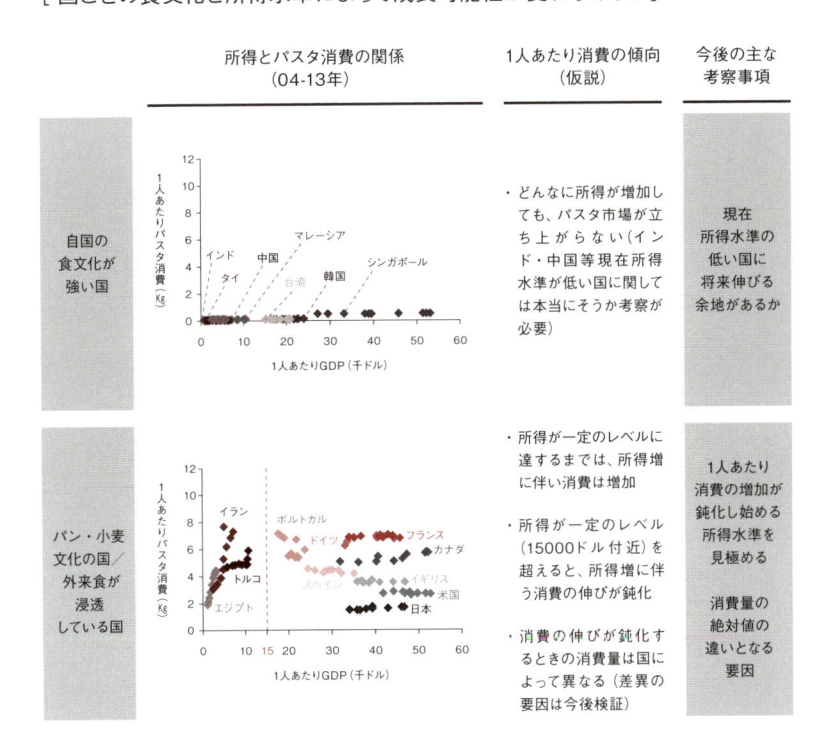

	所得とパスタ消費の関係 (04-13年)	1人あたり消費の傾向 （仮説）	今後の主な考察事項
自国の食文化が強い国	（散布図：インド、タイ、中国、台湾、マレーシア、韓国、シンガポール）	・どんなに所得が増加しても、パスタ市場が立ち上がらない（インド・中国等現在所得水準が低い国に関しては本当にそうか考察が必要）	現在所得水準の低い国に将来伸びる余地があるか
パン・小麦文化の国／外来食が浸透している国	（散布図：イラン、トルコ、エジプト、ポルトガル、ドイツ、スペイン、イギリス、米国、フランス、カナダ、日本）	・所得が一定のレベルに達するまでは、所得増に伴い消費は増加 ・所得が一定のレベル（15000ドル付近）を超えると、所得増に伴う消費の伸びが鈍化 ・消費の伸びが鈍化するときの消費量は国によって異なる（差異の要因は今後検証）	1人あたり消費の増加が鈍化し始める所得水準を見極める 消費量の絶対値の違いとなる要因

出所：Euromonitorデータをもとにアクセンチュア作成

Point 4 【業界・市場を調べる②】規制緩和による影響を調べる

目的の確認

　アベノミクスにおける規制緩和による成長戦略の一環として、2015年4月に機能性表示食品制度が施行されました。この制度は、トクホ（特定保健用食品）よりも簡単に、食品の機能性表示ができるようになったものです。つまり「脂肪の吸収を抑える」といった謳い文句（ヘルスクレーム）が使いやすくなり、食品市場の活性化が期待されています。

　当制度は、米国が20年以降前に施行したDSHEA（ダイエタリーサプリメント健康教育法：「ディーシア」と発音します）という制度を参考に作られるらしいので、日本の新制度の影響を読む参考とするために、このDSHEAについて調べることとしました。今回のリサーチの目的は図表4-17のとおりです。

図表4-17　リサーチの目的

答えるべき問い	1. そもそもDSHEAとは？（制度の規制レベルや適用範囲など） 2. DSHEAは市場にどのような影響を及ぼしたのか？
企画のステージ	基礎理解
まとめるイメージ	DSHEAそのものについてもわかりやすくパワーポイント1枚にまとめた上で、その市場への影響の覇旨け数枚でまとめる

アクセンチュア作成

リサーチプランの設計

　DSHEAが施行されたのは20年以上も前のことであり、「さがす」系のリサーチだけでは十分な情報が取れないことが想定されます。そこで「つくる」系の、「有識者へのインタビュー」を組合せて進めることとしました。「さがす系」リサーチは、制度の全体像をクイックに把握するために文献調査を、また、世の中で話題になっているテーマなので新聞／雑誌等の特集を集めるために記事検索を中心に行うこととしました（図表4－18）。

図表4－18　リサーチの技法

調査技法	情報源	取得したい情報
文献検索	機能性食品市場・制度に関する各種文献	DSHEAの概要
記事検索	今回の規制緩和に関する雑誌等での特集記事	DSHEAの概要
調査レポート	米国サプリ市場関連のレポート	米国サプリ市場推移の詳細（DSHEAの影響を定量的に補強するためのファクト収集）
インタビュー	業界有識者	DSHEAの影響（定性情報）

アクセンチュア作成

リサーチの実行・アウトプット化

文献検索・記事検索によるDSHEAのリサーチ

　記事も文献も、"機能性食品（健康食品）"、"制度"など関連しそうなキーワードに基づき探すことで、いくつかの日本の新制度とそのベースとなるDSHEAについて書かれている特集や、世界の機能性食品に関する制度のトレンドが纏められている書籍を見つけることができました[*16]。

[*16]　第2章：文献検索：「ルール：まずは業界本をクイックに通読し、キーワードを掴む」（45ページ）。

集まった情報をざっと見ることで、DSHEAそのものの概要は把握することができました。わかったことのポイントは大きく2つでした。

1つは、米国にはDSHEA以外にも様々な機能性表示制度があるということです。その中でも、DSHEAを特徴づけるのは、「企業が届け出さえすれば機能性が謳える」ということでした。これは他制度と比べて、「脂肪の吸収を抑える」といったヘルスクレームを、格段に表示しやすくする制度である、ということです。

もう1つは、DSHEAはサプリメントのみを適用範囲としており、日本の新制度が適用対象と考えている、農作物や加工食品は適用外だった、ということでした。

そして米国の他の制度も含め、DSHEAの2つのポイントがわかるように、要旨は図表4-19のようにまとめることにしました。

図表4-19 米国における機能性サプリ・食品・飲料制度の概要

米国では幾度も機能性食品の規制改革が行われてきたが、今回の日本における規制変更の参考となるのは94年に施行されたDSHEA

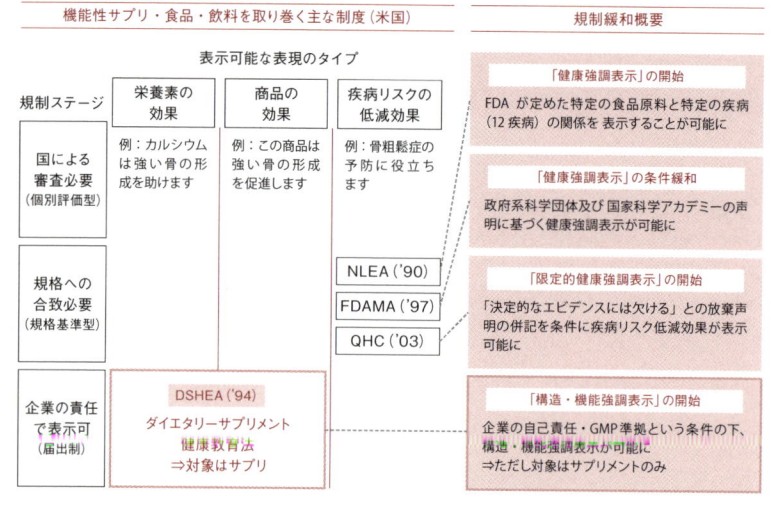

機能性サプリ・食品・飲料を取り巻く主な制度（米国）

表示可能な表現のタイプ

規制ステージ	栄養素の効果	商品の効果	疾病リスクの低減効果
国による審査必要（個別評価型）	例：カルシウムは強い骨の形成を助けます	例：この商品は強い骨の形成を促進します	例：骨粗鬆症の予防に役立ちます
規格への合致必要（規格基準型）			NLEA ('90) FDAMA ('97) QHC ('03)
企業の責任で表示可（届出制）	DSHEA ('94) ダイエタリーサプリメント健康教育法 ⇒対象はサプリ		

規制緩和概要

- 「健康強調表示」の開始
  FDAが定めた特定の食品原料と特定の疾病（12疾病）の関係を表示することが可能に

- 「健康強調表示」の条件緩和
  政府系科学団体及び国家科学アカデミーの声明に基づく健康強調表示が可能に

- 「限定的健康強調表示」の開始
  「決定的なエビデンスには欠ける」との放棄声明の併記を条件に疾病リスク低減効果が表示可能に

- 「構造・機能強調表示」の開始
  企業の自己責任・GMP準拠という条件の下、構造・機能強調表示が可能に
  ⇒ただし対象はサプリメントのみ

アクセンチュア作成

次に、DSHEAが与える市場への影響を明らかにしていきます。今回のリサーチの目的は、「機能性表示ができるようになることが、市場規模や成長性に対してどのような影響を及ぼすかを調べること」なので、業界は異なってしまいますが、DSHEAの適用範囲であるサプリ業界に焦点を合わせて深く掘り下げることとしました。

　まず、先ほど調べた記事の中に、DSHEAの適用前後のサプリ市場全体の変化を表すグラフがあったので、基本情報としてピックアップしておきます。(図表4-20) これを見ると、DSHEA適用後の5年間、市場成長が大幅に加速したことがわかります。

　しかし、「さがす」系リサーチで得られた情報はここまでです。成長の加速を牽引したのは具体的にどのような商品カテゴリーで、またそれはなぜなのかについては、「有識者インタビュー」を中心とした別のリサーチで補強していきます。

図表4-20　米国サプリ市場の推移

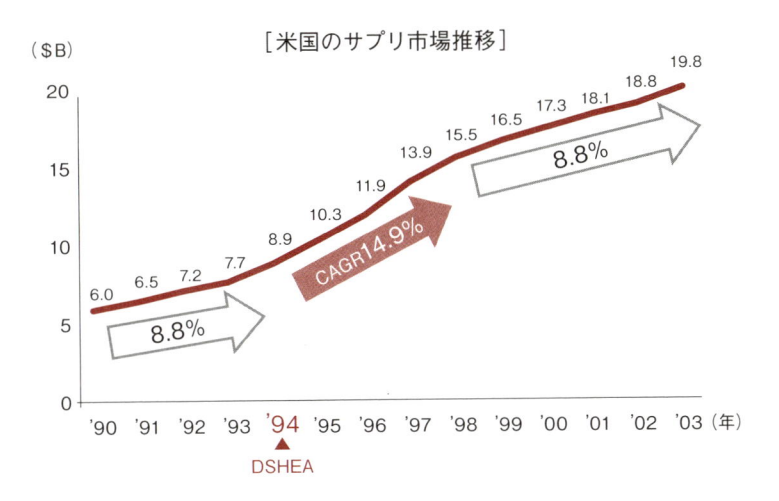

[米国のサプリ市場推移]

($B)

年	'90	'91	'92	'93	'94	'95	'96	'97	'98	'99	'00	'01	'02	'03
	6.0	6.5	7.2	7.7	8.9	10.3	11.9	13.9	15.5	16.5	17.3	18.1	18.8	19.8

'94 ▲ DSHEA

'90-'94: 8.8%
CAGR 14.9%
'98-'03: 8.8%

出所：Nutrition Business Journalをもとにアクセンチュア作成

▶ 有識者インタビューによるリサーチ

　有識者インタビューについては、まずは付き合いのある食品業界特化型の調査会社の方に会って話を聞いてみました。すると、機能性食品を専門に調査／分析をされている他企業の方を紹介頂くことができました。さらに、その方には、当分野の権威である大学教授の方をご紹介いただき、お話を伺うこともできました[*17]。

　そして、DSHEA適用後に「米国のサプリ市場の成長を牽引したのはどこか？」という質問については、「様々な商品カテゴリーの中でも、特にハーブを素材とするカテゴリーが伸びた」というお話を頂きました。また、その

図表4-21　DSHEA後の成長牽引カテゴリー

［DSHEA後にサプリの成長を牽引したのはハーブ領域］

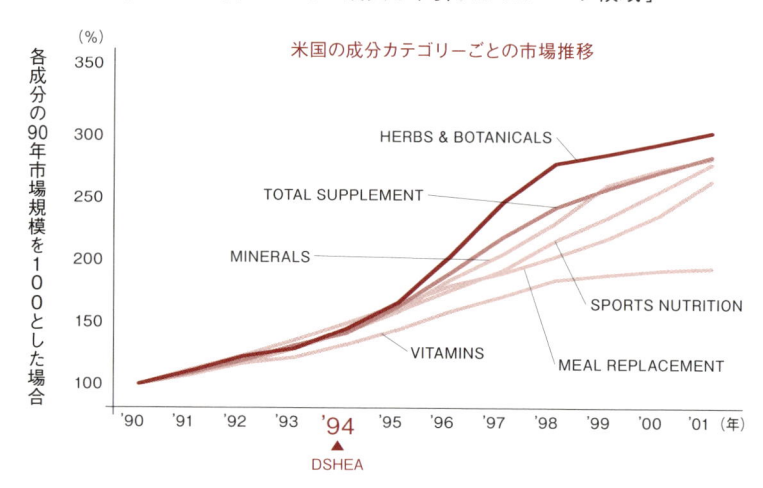

米国の成分カテゴリーごとの市場推移

出所：Nutrition Business Journalをもとにアクセンチュア作成

[*17] 第3章：インタビュー「ルール：人脈がなくても積極的にインタビュー対象者にアクセスする」（119ページ）。

お話を伺う中で、ハーブ素材の成長を定量的に把握する方法についても相談したところ、具体的な調査レポート名を教えて頂くことができました。
　一方で、「なぜハーブを素材とするカテゴリーが伸びたのか」という原因の考察は、有識者の方々のお話でもはっきりとした答えが得られませんでした。

▶ 調査レポートによるリサーチ

　そこで、カテゴリー別の成長推移を眺めながら、ハーブを素材とするカテゴリーの成長の原因を推察してみることにしました。
　まず、DSHEA前後で成長率が変わらないカテゴリーは、「ビタミン」や「ミネラル」など、いずれも名前を聞くだけでどんな効果があるのかイメージが持てるようなタイプのカテゴリーでした。
　一方、ハーブをカテゴリーとする素材は、その名前を聞くだけでは、どのような効果があるのかイメージがつきにくい商品が多いカテゴリーでした。このことから、「規制緩和による恩恵を受けるのは特に効用認知の低い成分である」という解釈を与えることにしました。

図表4-22　DSHEA後の成長牽引カテゴリー

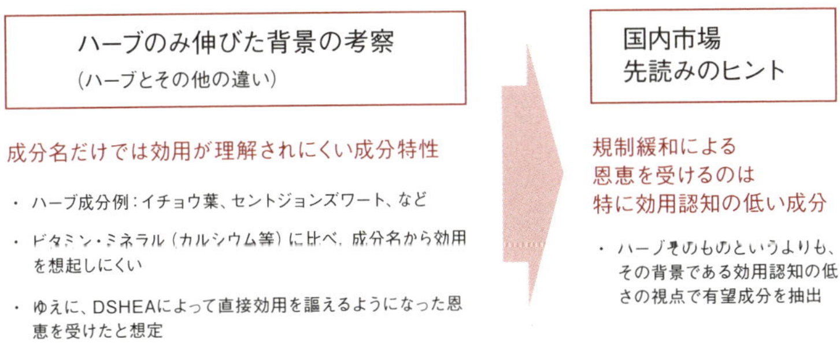

ハーブのみ伸びた背景の考察
（ハーブとその他の違い）

成分名だけでは効用が理解されにくい成分特性

- ハーブ成分例：イチョウ葉、セントジョンズワート、など
- ビタミン・ミネラル（カルシウム等）に比べ、成分名から効用を想起しにくい
- ゆえに、DSHEAによって直接効用を謳えるようになった恩恵を受けたと想定

国内市場 先読みのヒント

規制緩和による
恩恵を受けるのは
特に効用認知の低い成分

- ハーブそのものというよりも、その背景である効用認知の低さの視点で有望成分を抽出

アクセンチュア作成

リサーチの総括

　本ケースでは基礎理解フェーズのみを抽出しましたが、このフェーズはあまり時間をかけすぎても意味がないので、最大でもこのレベルで済ませ、できるだけ早く仮説立案のフェーズに入ります。このケースでは例えば「規制緩和による恩恵を受けるのは特に効用認知の低い成分」ということが明らかになりましたので「それでは、現在の日本で効用認知が低いが規制緩和によって表示しうる成分は何か？」というのが、次の仮説立案フェーズでの問いの一つとなってきます。

Point 5 【企業を調べる①】
企業の業績推移を調べる

目的の確認

　自社であれ競合他社であれ、ある企業が置かれている状況や、今後進んでいくかもしれない方向をよりよく理解することは、自社の価値向上を図る上でも（あるいは個人のキャリアを考える上でも）、競争戦略を立案する上でも重要な作業です。

　ある人の人となりを知るためには、どのように生まれ、どんな環境を経て、どういう経験をして成長してきたのかという履歴が一つの手がかりとなるのと同様に、その企業の歴史を丹念に紐解くことが、企業の現状や今後の行く末を想像する手がかりとなります。

　あるアグリ関連企業から全社改革を依頼されたとします（自社の事業と置き換えて読んでいただいても結構です）。この企業が営むビジネスはAとい

図表4-23　リサーチの目的

答えるべき問い	歴史的な観点を踏まえ、なぜ今、全社改革が必要なのか？
企画のステージ	基礎理解
まとめるイメージ	対象企業の成長の定量的な軌跡と、対象企業が現在置かれている定性的な状況を重ね合わせてパワーポイント1枚で示す

アクセンチュア作成

う食品製造・販売事業で、長年にわたって順調に成長してきていますが、経営陣はこのままでは生き残りが難しいと考えているようです。一方、安定的に成長してきた企業であるが故に、社内では改革の必要性を肌身で感じていない方も少なからずいるようです。

　経営陣が感じている危機はどこに端を発しているのか。プロジェクトの初期段階なので、まずは経営陣の懸念や思いを正しく把握しないことには、改革の目的（Why）が揺らぎかねず、また、改革実行にあたって社内の協力も取り付けにくくなります。

　そこで今回のリサーチでは、「これまでの事業実績に何か改革の必要性を感じさせる懸念材料が表れているのではないか」という仮説の下、データを集めて検証してみることにしました（図表4−23）。

リサーチプランの設計

　企業の成長の過程を調べるためには、業績推移が最も基礎的なデータとなるので、「Web検索」により、IRライブラリからそれらを入手することにしました。また、その企業が属する業界・市場がどのように変遷してきたのかも把握しておきたいところなので、A食品市場のマクロデータについても「公的調査・統計」であたってみることにしました（図表4−24）。

図表4-24　リサーチの技法

調査技法	情報源	取得したい情報
Web検索	対象企業のIRライブラリ	時系列業績推移
公的調査・統計	農林水産省	○○食品の国内市場規模推移

アクセンチュア作成

リサーチの実行・アウトプット化

◾ Web検索等で対象企業の基礎データを集める

　まず集めるべきは、対象企業の業績データです。この企業は上場企業ですから、公式サイトのIRページに必要な情報は掲載されており、すぐに手に入るはずです。

　しかし実際に見てみると、有価証券報告書の過去分は2005年まで、決算短信でも2002年までしか掲載されていませんでした。20年も前の決算データに興味がある人はそうそういませんから、公式サイトでは長くても10年程度しか掲載していない企業がほとんどです。

　金融庁が提供している有価証券報告書閲覧サイト（EDINET）、あるいは東京証券取引所の運営している決算短信閲覧サイト（TDnet）であっても過去5年分しか閲覧することができません。あるビジネス誌が30年くらい前に「企業の寿命は30年」と主張していましたが、やはり10年では歴史的なトレンドを紐解くには少し心細いので、過去20〜30年程度のデータを探してみることにしました。

　Web上で公開されていない有価証券報告書を閲覧しようとすると、以前は国会図書館や証券取引所に足を運ばざるを得なかったのですが、今は株式会社プロネクサスが提供する「eol 企業情報データベース」というサービスで、最長1984年の有報まで遡ってWeb閲覧することが可能です。読者各位の在籍企業で契約しているかもしれませんし、公立図書館や大学図書館等からもアクセスできる場合があります。一部であれば、東京大学経済学図書館がデータベースをベータ版（Engel Ⅱ）で公開しています。

　さて、対象企業の直近23年間の売上高データが手に入りました。早速グラフにしてトレンドを見てみましょう（図表4 – 25）。まず、大まかには右肩上がりで成長してきていることが見て取れますが、最初と最後の数年が少しトレンドから外れているように思えます。しかし、このデータだけでは何

図表4-25　A事業規模の推移

A事業　売上高推移［億円］

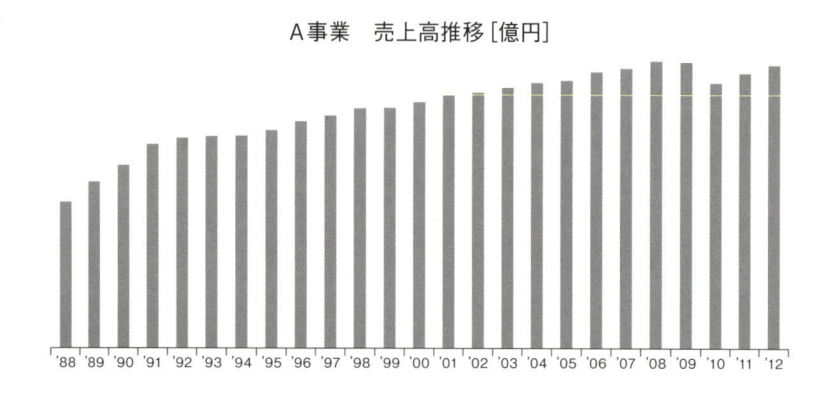

'88 '89 '90 '91 '92 '93 '94 '95 '96 '97 '98 '99 '00 '01 '02 '03 '04 '05 '06 '07 '08 '09 '10 '11 '12

出所：当該企業発表資料をもとにアクセンチュア作成

が起きているのか、実態はよくわかりません。

「公的調査・統計」から得た他のデータと重ね合わせる

　最初に考え付くのは、「この市場全体の規模変動の影響を受けているのではないか」という仮説です。そこで、この企業は国内向け事業が中心であることから、この食品の国内総消費量データを重ね合わせてみることにします。まず、e-StatからA食品の国内総生産データを取得します[18]。このデータは農林水産省が公表していました。
　さらに、A食品は国際的に取引されている財なので、海外への輸出量と海外からの輸出量を取得します。これは財務省貿易統計に載っています。「国内生産量－輸出量＋輸入量」で国内消費量が出てくるというわけです。

---

[18]　第2章：公的調査・統計活用「テクニック：国内マクロデータはまずはe-Statをあたる」（62ページ）。

図表4-26　A事業規模の推移

A事業　売上高推移［億円］

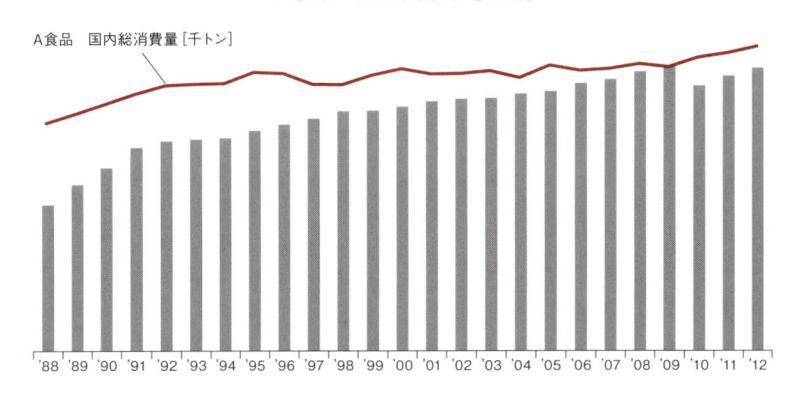

A食品　国内総消費量［千トン］

'88 '89 '90 '91 '92 '93 '94 '95 '96 '97 '98 '99 '00 '01 '02 '03 '04 '05 '06 '07 '08 '09 '10 '11 '12

出所：当該企業発表資料、農林水産省・財務省貿易統計をもとにアクセンチュア作成

　これを重ねあわせてみると、図表4-26のようになりました。
　こうしてみると、傾きの違いはあれども、最初の数年は市場自体の伸びと連動しているように見えます。どうやら、日本の消費者にこの食品を消費する習慣が根付いてきた時期と重なるようです。一方で、直近数年の変動に関しては、これだけでは十分に説明することが難しいようにも見えます。

▶ 定性的な視点から考える

　ここで一旦定量データから離れて、各変節点付近で何か象徴的な出来事がなかったか、定性的に紐解いてみることにします。
　まず、1991年・1992年といえば、いわずとしれた「バブル崩壊」にあたります。バブル崩壊に伴い、消費者の消費意欲は低下し、低価格志向も強まりましたので、これが好調だった最初の数年間の成長をせき止めた要因の一つと推測できます。

バブル崩壊後の1992年前後から2008年前後にかけての20年は、一般的に「失われた20年」と呼ばれる日本経済の低成長期にあたり、市場規模も停滞しています。しかし、そのような環境にもかかわらず、A食品事業は規模を伸ばしていますから、ここで順調な成長の型、例えば商品開発ノウハウや営業組織体制、生産・物流能力等を確立し、それが今に続く成功体験となっているのだと思われます。この成功体験こそが、すなわち改革の必要性に対する疑念に形を変えて社内に残っているのかもしれません。
　2008年前後は、「サブプライムローン問題」に端を発する「世界金融危機」「世界同時不況」と呼ばれた時期です。しかし、前述の通り、この企業は国内市場向けの販売が主であり、ここまで直接的に世界同時不況の影響を受けるものだろうか、という疑念も同時に浮かびます。
　そこで、同社の海外市場における近年の活動状況を見てみることにします。有価証券報告書を一つ一つ見ていくと、10年位前までは海外市場売上高は記載されていませんので、やはりそれまでは国内市場向けビジネスがほぼ全てであったようです。しかし、ある年から、5％程度ではありますが記載されるようになりました。
　10％未満の場合は記載しなくてもよいことになっているにもかかわらず、あえて記載し始めたということは、今後の海外強化の姿勢が発表資料にも表れていると考えられます。実際、直近の中期経営計画でも海外事業拡大を成長戦略の一つに据えており、また実績としても海外工場設立や海外取引先との商売を少しずつですが伸ばしているようです。世界同時不況のあおりを受ける素地が近年出来上がりつつあったと考えて良いでしょう。

　こうして見ると、過去25年間は、3つの時代に分けられることがわかってきました。
　・〜'91頃までの、"安定成長期〜バブル期"
　・'92頃〜'08頃 "バブル崩壊〜失われた20年"
　・'09頃〜 "世界同時不況"
　そして、今後ますます事業活動の舞台を海外に広げていこうという目標を踏まえると、「グローバル市場で戦い、生き残れるような強いビジネスに脱

皮しなければいけない」という危機感があって然るべきであり、また経営陣の懸念もそこにあると思われます。

リサーチの総括

　以上の仮説出しと仮説検証のサイクルを踏まえ、最終的に完成したのが図表4 − 27です。

図表4−27　A食品事業規模の推移

これからのA事業を取り巻く状況は、これまでの20年とは異なる様相となることが想定される。

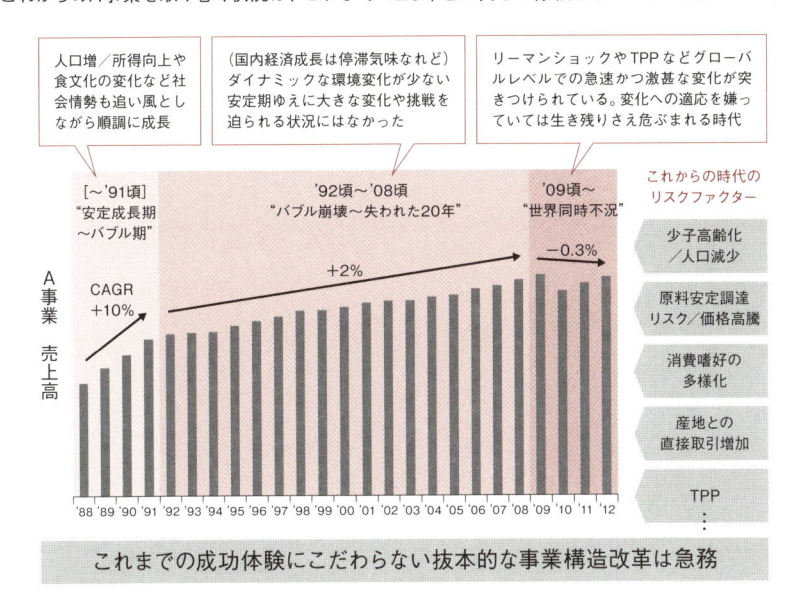

- 人口増／所得向上や食文化の変化など社会情勢も追い風としながら順調に成長
- （国内経済成長は停滞気味なれど）ダイナミックな環境変化が少ない安定期ゆえに大きな変化や挑戦を迫られる状況にはなかった
- リーマンショックやTPPなどグローバルレベルでの急速かつ激甚な変化が突きつけられている。変化への適応を嫌っていては生き残りさえ危ぶまれる時代

[〜'91頃]　"安定成長期〜バブル期"　CAGR +10%

'92頃〜'08頃　"バブル崩壊〜失われた20年"　+2%

'09頃〜　"世界同時不況"　−0.3%

A事業　売上高

'88 '89 '90 '91 '92 '93 '94 '95 '96 '97 '98 '99 '00 '01 '02 '03 '04 '05 '06 '07 '08 '09 '10 '11 '12

これからの時代のリスクファクター
- 少子高齢化／人口減少
- 原料安定調達リスク／価格高騰
- 消費嗜好の多様化
- 産地との直接取引増加
- TPP
- ︙

これまでの成功体験にこだわらない抜本的な事業構造改革は急務

出所：当該企業発表資料、農林水産省・財務省貿易統計をもとにアクセンチュア作成

時代を視覚的に分割するための表現として、3つの色で塗り分けました。こうすることで、現在同社が生きているのは、「抜本的な改革などなくても順調に成長した、古き良きあの時代」とは非連続の時代であるということを強調しています。

　また、3つの時代のトレンドは、視覚的には変化していることが見て取れるのですが、これを更に鮮明に伝えるために、CAGR（年平均成長率）を併記しています。こうすることで、安穏としているとマイナス成長さえありうる時代に突入している、ということが伝わりやすくなりました。

　さらに、将来のことは誰にもわからないのは真実ですが、既に非常に高い確率で見えている未来を想像し、パワーポイントの右側に、それを併記しておくことで、データに表れていない将来をイメージさせる工夫をしています。

Point 6 【企業を調べる②】先進企業の事例を調べる

目的の確認

　企業が何か新しい事業を始めようとするとき、あるいは既存の事業を立て直そうとするとき、「他の企業はどうしているのだろう」「何か秘密の成功の鍵があるのではないか」と考えるのは当然のことです。本節では、他社の事例を調べ、そこから学びを得る一つのやり方をご紹介します。

　自分がメーカーに勤務しており、これまで着手していなかった消費者へのWeb直販ビジネスを企画したとします。単純なECサイト立ち上げではなく、最近話題のバーチャルリアリティ技術を使った新規性・差別性を訴えかけたため、この企画をプレゼンテーションした際の上司の反応は上々でした。ただ、「言いたいことはわかったが、本当にそんなことをやっている企業があるのか」「そこは、うまくいっているのか。うまくいっているのであれば、どうすればうまくいく確率が上がるのかを知りたい」という指示を受けました。

　「全く同じことを既にやっている企業があれば、そもそも新ビジネスではないのでは……」と心の中では思いながらも、確かに今一つ説得力に欠けることは自覚しており、上司の懸念する気持ちもわかる気がします。そこで、実際に他の企業がどんなことをやっているのかを知ることで、企画の前進に弾みを付けられないか、と調査を始めることにしました。

　ただし、ここで注意しておかなければいけないのは、事例の力を過信しすぎないことです。すなわち、「こうすれば成功する」という決定的な事例を見つけるために調べるのではなく、先進事例が指し示す、「新しい世界観」

図表4-28　リサーチの目的

答えるべき問い	先進企業はどのような技術を使ってどのようなe-ビジネスを展開しているのか？ それは成功しているのか？ 失敗しているのか？ またその考えられる要因は？
企画のステージ	基礎理解
まとめるイメージ	先進企業の実際の事例と、それらが仄めかす新しい世界観をスライド1枚程度にまとめる

アクセンチュア作成

を体感するために行うという姿勢が必要です。学問の世界とは異なり、現実のビジネスにおいて再現性の追求には限界があるからです。

少し脱線しますが、例えば自然科学であれば、AというアクションをしてBという結果が得られた実験があるとすれば、前提条件が同じであれば何度試しても同じ結果が得られます。一方、ビジネスの世界においては、ある企業がAというアクションをしてBという結果を得たとしても、他の企業が模倣してAをしてBという結果が得られないことが多いのです。現実には影響を与える条件が複雑に絡み合っており、簡単に再現されません。厳密には因果関係を証明できる決定事例は、ほとんどないと考えるべきなのです。

だからこそ、事例は真似るためではなく、世界観を掴むためのものと捉えるべきです。例えば、競合他社の先進取り組み事例は、「こういうことを考え始めないと置いていかれる」という意味で非常に価値があるものです。

これを念頭に置きつつ、実際の事例収集の視点を解説します。事例収集は「このソースをあたれば十分」という性格のものではないため、「どのようなスタンスで調べるべきか」を中心に扱います。

リサーチの設計

先進的な取り組みは、業界誌の格好のネタです。例えば、消費財関連の業界誌は自社でも定期購買していて、社内の休憩室などに置いてあります。し

図表4-29 リサーチの技法

調査技法	情報源	取得したい情報
記事検索	Dow Jones Factiva	海外先進企業の取り組み事例

アクセンチュア作成

かしそれらは上司も見ているかもしれません。だとすれば、新しい発見や気づきを与えるという点では不十分でしょう。

今回の場合は、海外の先進企業や、他業界の企業事例も含めて横断的にリサーチしたいため、海外含めて様々なメディアを横断的に記事検索できる、Dow Jones Factivaを使うことにしました（図表4-29）。

リサーチの実行・アウトプット化

◢ 常にアンテナを張っておき、「弱い仮説」を持つ

まず、あるマーケティング関連誌に面白いピックアップ記事が載っていたことを思い出し、見返してみることにしました。このように、「面白い事例」や「新しい事例」が載っていそうなソースをリストにし、常にアップデートし続ける（いわばアンテナを伸ばし続ける）ことはリサーチャーの基本動作です[19]。

その雑誌に載っていたのは、実際に、あるメーカーAがデジタルサイネージを使った壁面ストアを実験的に展開している記事でした。これは一つの収

---

[19] 第2章：記事検索「Column：自分なりのデータソースリストを作る」（59ページ）。

穫と言えるのですが、これだけでは身近な情報源に頼り切ったリサーチに終始し、誰がやっても差がつかない、付加価値の低い情報収集になってしまいます。

ここからさらに発展させるためには、「いまどき、こんなことをやっている企業があってもおかしくない」という"弱い仮説"を起点として情報収集の幅を徐々に広げていくことが必要です。要するに、どんなリサーチにも共通する、仮説ベースでの調査ということです。この起点となる弱い仮説の幅が、事例収集の限界を規定すると言っても過言ではありません。

この場合であれば、「バーチャルな店舗を展開するメーカーがいるとすれば、リアルな店舗を展開するメーカーもいるはず」という仮説をもとに、更に調査を進めてみることにしました。グローバル先進メーカーの事例を見つけるべく、Dow Jones Factivaで海外の記事をあたってみることにします[20]。ネスレ、ペプシコ、コカ・コーラなどグローバルメーカー売上高トップランキングの上から順に、「brick & mortar（「煉瓦と漆喰」という意味で、リアル店舗のことです）」や「boutique」「distribution channel」など、実店舗に関連しそうなワードと組み合わせて検索してみます[21]。

すると、いくつものメーカーが実店舗を構える動きを見せていることがわかってきました（図表4-30）。

図表4-30　確かに他のメーカーも新しいチャネルに進出している

大手医療系A社	大手飲料系B社
プラハの4つの駅構内に、バーチャルな"壁面"ドラッグストアを開店し、スマートフォンを介して購入・配送を可能に	試飲ができる実店舗を構えることで、見込み客の裾野を広げ、また既存客にも自社商品をより深く体験してもらえる

アクセンチュア作成

---

[20] 第2章：記事検索「テクニック：海外の記事検索ツールにもトライする」（55ページ）。
[21] 第2章：Web検索「テクニック：検索キーワードを磨く」（35ページ）。

探索の視野を広げて仮説の幅を広げる

　弱い仮説の幅を広げるためには、自分に近い／よく知っている業界に閉じるべきではありません。自社と比肩する大企業や、同業界の定番プレーヤーばかりを見てしまうと、当然後発になってしまい、いつまでたっても業界の先進企業にはなれません。

　自分にとって目新しく、よく知らない業界や、新興企業（往々にしてベンチャー／中小企業のことが多い）のことを知ることで、直接的に参考になるものだけでなく、まだ自業界では常識化していない新たな発見が手に入ることが多くなります。例えば「消費財メーカーvs.自動車メーカー」など、同じメーカーでありながら極めて異なった常識を持っている他業界を視野にいれることで、気づきは多くなります。

　そこで、今回はメーカーだけでなく、店舗型小売業界やインターネット小売業界のプレーヤーの動きにも目を向けてみることにしました。ここでも同じように、Dow Jones Factiva上で小売業界のいくつかのビッグリテーラー名と、先述の実店舗に関連するキーワードを組み合わせて記事を検索してみました。そうすると、やはり彼らもまた新たな試みを展開していることがわかってきました（図表4−31、4−32）。

図表4−31　小売業者も新しいチャネル構築に挑戦し始めている

大手小売りC社	大手小売りD社
100カ国以上でのEC展開により、未進出国の消費者へのリーチを実現。価格は現地通貨で表示され配送もスムーズ	地下鉄駅構内やバス停に、バーチャルな"壁面"ストアを開店し、スマートフォンを介してその場で購入・配送を可能に

アクセンチュア作成

図表4-32　インターネット小売りが実店舗を持ち始めている

インターネット小売りE社	カタログ通販大手F社
E社はロンドンでクリスマス商戦専用店舗をオープンし、購入前に商品を触って試してもらえるようにした	カタログ通販大手F社は、実際に試着してから購入してもらえるよう、ラージサイズのアパレル専門で実店舗を展開

アクセンチュア作成

■ 多面的なソースを複合して全体像を掴み、自社への適用可能性を考察する

　ここまでで見つかった事例を、ただ羅列するだけでは価値のあるリサーチとは言えません。

　発見した事例について、別のソースでどう語られているか、あるいは、時には関係者に直接問いかけることで、その事例の実情や背景・結果など、より深い事実が見えてきます。その上で、複合的な情報をもとに、何が特徴なのか、どのような学びが得られるのかを考察します。

　事例から、どのような学びが得られるのかについては、概ね図表4-33の3つの観点から考察します。中でも、同様の取り組みを始めるにあたり、自社の特徴を踏まえてどう工夫すれば成功率が高まるか、という観点を持つことは非常に重要です。

　ある記事で成功事例と言われていたものも、更に時系列で記事を追ってみると、開始当初は話題になったものの、既にこの試みは取り止めになっているようなこともよくあります[*22]。例えば、バーチャルストアなどは、実店

---

*22　第2章：記事検索「テクニック：時系列で事象を追う」(57ページ)。

図表4-33　事例調査を単なる「お勉強」に終わらせないための3つの視点

断片的な事例から マクロな変化への昇華	個々の事例がどう新しいかではなく、各事例から、どのような新たな世界観が読み取れるか、要するにこれまでの常識とどう異なるのか
変化を 引き起こしている背景	なぜそのような事例が出始めているのか（往々にして、先進技術の進歩や、既存技術の新たな適用など）
自社の強みや 得意領域を踏まえた解釈	実現性を高めるために何が必要か（社内組織・人材、ITインフラ、顧客基盤、知的財産など）

アクセンチュア作成

舗での販売に比べて、店舗は作らなくて済むものの、デジタルサイネージの設置・管理費がかかる上に、全ての商売に配送料がかかってしまいますので、そのあたりが障害となりかねません。このため、持続的に成長する確率はそれほど高くないかもしれません。

　もしそうであれば、メーカーならではの強みを活かして、実現性を高める工夫を考える余地がでてきます。例えば、配送料をカバーできる程度に原価を抑えたバーチャルストア専用商品を作る、といった工夫が考えられます。あるいは、単独で黒字化が求められる事業としてではなく、消費者の直接的な反応を得るための手段と位置づけることもできるでしょう。小売価格を操作して消費者の価格感度をリアルタイムで獲得できる、または商品の陳列方法による消費者の反応も即座に手に入る、ということになれば、これはメーカーの商品開発や価格戦略立案にとって非常に価値のある情報源となります。

さて、今温めている企画への教訓を整理してみると、

・国内外の先進企業は確かに既存のビジネスを超える新しいチャレンジに取り組み始めていて、すぐにでも取りかからなければ周回遅れになりかねない
・それは必ずしもデジタルテクノロジーを使ったものに限らないが、デジタル関連の取り組みが取り上げられている記事は多数見られ、新たなチャレンジに新たなテクノロジーを活用することで話題性を期待できる可能性は高い
・一方で、話題性を狙った一過性のマーケティング施策なのか、あるいは消費者との直接的なコンタクトポイント増加を狙ったオムニチャネル作戦の一施策なのか、あるいは単一で採算が取れるビジネスなのか、企画そのものの、自社にとっての位置づけをはっきりさせる必要がある

といったことがわかってきました。これらの教訓を踏まえて企画自体は練り直すこととして、わかってきたことを資料としてまとめてみます。

リサーチの総括

　事例から得られるメッセージをクリアに表現するためには、対比でコントラストをつけることが有効です。例えば「成功事例vs.失敗事例」、「今vs.昔」、「国内vs.海外」といった対比です。
　今回は、「業界Aの動きvs.業界Bの動きvs.業界Cの動き」という業界間の対照でまとめました。インターネット小売やメーカーといった、これまで棲み分けていたプレーヤーが互いに競合となり、同じ土俵で戦い始めている、という世界観を示しています。

図表4−34　薄れつつあるメーカーと小売の境界線

メーカーにも小売業者にも、生活のあらゆるシーンを通じて消費者との絆を強化すべく、既存の境界線を踏み越える動きが出てきています。

実店舗／バーチャル店舗を持ち始めた消費財メーカー	バーチャル店舗を持ち始めた実店舗型小売り	実店舗を持ち始めたインターネット小売り
大手医療系A社 プラハの4つの駅構内に、バーチャルな"壁面"ドラッグストアを開店し、スマートフォンを介して購入・配送を可能に	**大手小売りC社** 100カ国以上でのEC展開により、未進出国の消費者へのリーチを実現。価格は現地通貨で表示され配送もスムーズ	**インターネット小売りE社** E社はロンドンでクリスマス商戦専用店舗をオープンし、購入前に商品を触って試してもらえるようにした
大手飲料系B社 試飲ができる実店舗を構えることで、見込み客の裾野を広げ、また既存客にも自社商品をより深く体験してもらえる	**大手小売りD社** 地下鉄駅構内やバス停に、バーチャルな"壁面"ストアを開店し、スマートフォンを介してその場で購入・配送を可能に	**カタログ通販大手F社** カタログ通販大手F社は、実際に試着してから購入してもらえるよう、ラージサイズのアパレル専門で実店舗を展開

アクセンチュア作成

Column　成功事例・失敗事例の使い方

　私たちが企業の事例をリサーチする際に、常に心がけていることがあります。それは、前述の再現性問題と関わることですが、「成功している企業を研究するだけでは学びは得られにくい」ということです。大事なのは、失敗事例も同じように力を入れて探すことです。

　例えばあるメーカーが消費者との直接的な繋がりを求めて、Facebook上にファンページを開設し、直接的な対話をしようという取り組みを始めました。そのメーカーが取り扱う消費者向け商品

自体は人気があるものの、企業と消費者との繋がりの強さを表す指標の一つであるフォロー数は一向に増えなかったからです。実際にファンページを見てみると、企業からの一方的なキャンペーン通知や新商品紹介だけが発信されており、全く消費者との双方向的な対話になっていません。これでは盛り上がらないのも当然です。一方、別のメーカーは、商品に対する不満コメント一つ一つに対して、「なぜそうなっているのか」「今後どうする予定なのか」を真摯に返信しており、急速にファンを増やす結果となりました。

　この場合、成功事例だけに頼って教訓を得ようとすると、「一つ一つ返信すれば成功する」に留まりがちです。しかし、本当はそうではないのだと思います。仮に一つ一つ返信したとしても、機械的な回答であればすぐに消費者は離れていってしまうかもしれません。むしろ、失敗事例と成功事例とを対比させて考えると、双方向的な対話というソーシャルネットワーキングの最も大きな特徴を的確に捉え、「消費者1人1人と等身大で向き合って会話する」という姿勢こそが重要な成功要因となることがわかります。そう捉えれば、「一つ一つ必ず返信しなければ」という単純な模倣を超えて、「社員の個人名で語る」あるいは「人間味のあるキャラクターが発信する」「自社に関係のある宣伝ばかりでなく折々の話題について語りかける」など、自社の打ち手に幅が出てくるはずなのです。

　成功事例は、あくまでも成功要因の一面であり、しかも往々にして誇張された成功要因にフォーカスして語られるものです。当然、企業は「こんな取り組みをしましたが失敗しました」と嬉々として発表などしませんから、失敗事例の調査は難易度が高いことは事実です。しかし、失敗事例には苦労して調査するだけの価値があります。全容がなかなか見えてこない中で、多面的なソースを複合して、足りないところを想像し補完していく思考プロセスの中で、アクションに繋がる学びが見えてくるのだと思います。

おわりに

今日からビジネスリサーチ力を高めるために

　今日からリサーチ力を高めるためには、「日々の生活において、様々なメディアに目を配り、"新しいこと"を敏感に拾い上げる」という感性を大事にしましょう。テレビ、新聞、雑誌やWebといった一般メディアだけでなく、街で見かける広告宣伝、いつも買物するスーパーの新商品棚、友人とのおしゃべり、あるいは少しお行儀が悪いかもしれませんが、例えばレストランで隣のお客さんが話している内容さえも、極論すれば新たなリサーチのきっかけとなる情報源です。いろいろなことに興味を持ち、アンテナをはり続けていれば、何らかのリサーチの必要性に迫られた際にきっと役立つ場面があります。

　次に、リサーチに着手してからは常に、「今何がわかっていて、何がわからない状態か」ということを整理するように心がけましょう。情報は無限に増え続けますが、使える時間は有限です。効率化の観点から、この棚卸しは重要です。
　その時までにわかっていることを他人にも説明できるレベルで、紙やExcelでアウトプットしてみましょう。頭の中だけで整理していると、後から考えると「これは調べる必要なかったな」という無駄が発生するものなので、実際に視覚的に整理しておくことは重要です。

　また、情報の取り方を工夫し、執念をもって欲しい情報をつかまえる姿勢も重要です。「調べたけど、ここまでしかわからなかった」ということは、最も避けるべき言い訳です。調べてわからなければ、詳しい人に訊く。知っ

ていそうな人を知っている人に訊いてみる。調べ方を知っている人に訊いてみる。迷惑かもしれない、と思いながらも、しつこく訊く。欲しい情報がとれない中途半端なリサーチは、無為に等しいと考えてください。有益な情報を持っている人と沢山知り合うことも、調べる力を身に付ける効率的な方法です。

「調べる」より「考える」が本当は重要

　デジタルテクノロジーの進化・普及によって、ビジネスを取り巻く環境や既存のビジネスのあり方に対して根本的に変化を迫るような"新しいこと"が、文字通り日々生まれています。

　そんな中で、コンサルティング業界においても、「経営戦略論や過去の事例に精通し、経験も豊富な人たちが、切れ味の鋭い戦略を描く」といった、一般的に抱かれているイメージはもはや遠い過去のものとなっています。歴史を学ぶことはもちろん有意義なことですが、同時に、常に"新しいこと"を知り、挑戦していかなければ、簡単に取り残され、誤った判断を生みかねません。

　一方で、デジタルテクノロジーの進展で、以前であれば図書館にわざわざ足を運ばざるをえなかったり、あるいは専門の調査会社に依頼しなければならなかったり、そもそも特定の企業や人にアクセスが限定されていたような情報が、極めて入手しやすくなっている時代でもあります。リサーチは格段にやりやすくなっているのです。

　誰でもある程度のことは簡単に調べられるようになったということは、翻って「普通のリサーチでは差が付きにくい」ということも意味しています。普通のリサーチでは誰がやっても同じ、普通の答えしか出てきません。

　本書はリサーチ技法の本ですが、本質的にはリサーチにおける「考える作業」の重要性を一貫してお伝えしてきました。常にアンテナを張り続けて多様な仮説を想定したり、リサーチで得たファクトの背景を洞察したりといっ

た、「調べる作業」を支える「考える作業」そのものが重要となる、ということに共感頂き、この本を手に取って頂いた皆さんが卓越した"調べる力"を身に付けて頂くことが執筆者一同の願いです。

執筆者一同

巻末資料

本書でご紹介した、リサーチに役立つサイトを最後にご紹介します。
もちろん、このほかにも様々なサイトがあります。
皆さんがリサーチをする上で「役に立った」と思われたサイトは
ぜひブックマークして、自分のリサーチスキルの向上に役立ててください。

記事検索

国立国会図書館「リサーチ・ナビ」

http://rnavi.ndl.go.jp/

国立国会図書館の職員が調べ物に有用であると判断した図書館資料、Webサイト、各種データベース、関係機関情報が、特定のテーマ、資料群別に紹介されている。

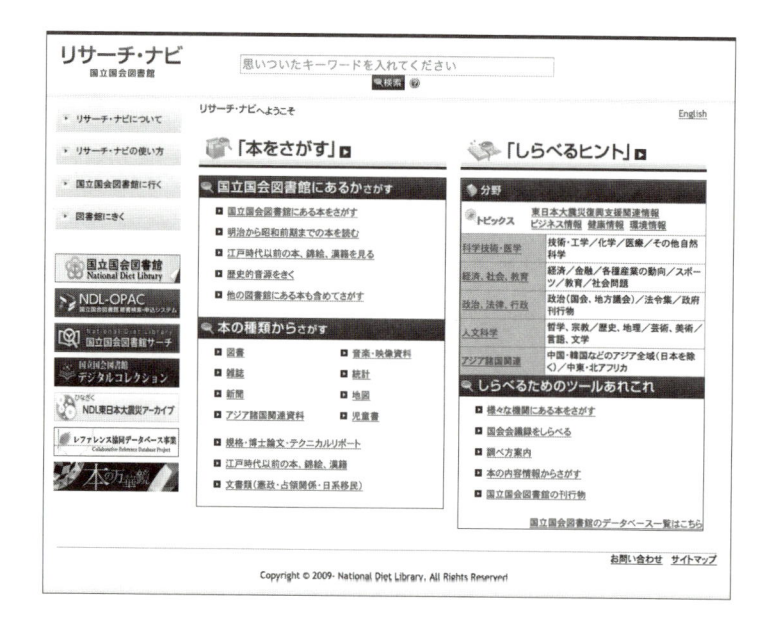

公的調査・統計

総務省統計局「国際機関等(統計関係のページ)」

www.stat.go.jp/info/link/4.htm

各国際機関の概要が一覧化されているので、国際機関の情報にあたる際に、どこに欲しい情報がありそうか、あたりをつける参考になる。

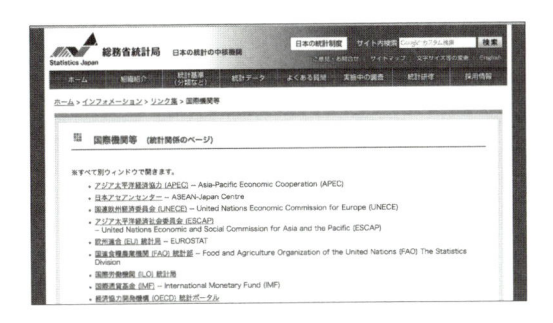

世界銀行「世界開発指標」

http://data.worldbank.org/country/japan/japanese

世界銀行が運営しているデータベース。214の国・地域の行政・中央銀行と連携し、過去50年分以上の各国の人口、GDP、GNI等のマクロ指標が所蔵されている。

執筆者一覧

小中 洋平（こなか・ようへい）
アクセンチュア製造流通本部　マネジャー

東京大学法学部卒。日系大手電機メーカー海外部門、中央省庁出向（通商政策交渉担当）、外資系コンサルティングファームを経てアクセンチュアに入社。消費財、電機、精密機器業界を中心に国内外における事業戦略、組織変革、オペレーティングモデル変革等プロジェクト経験多数。

畠山 博登（はたけやま・ひろと）
アクセンチュア製造流通本部　マネジャー

早稲田大学政治経済学部卒。外資系メーカー・国内大手システムインテグレーターを経てアクセンチュアに入社。消費財業界を中心に経営管理モデル刷新・営業改革・収益構造改革等の幅広い領域を経験。戦略・IT・BPO一体での企業トランスフォーメーションを推進。

杉山 琢哉（すぎやま・たくや）
アクセンチュア戦略コンサルティング本部　マネジャー

東京大学工学部卒。消費財業界を中心に、新規事業、R&D、マーケティング、営業など企業の成長加速に向けたテーマを幅広く担当する傍ら、大学との連携やクリエイターとの協業を通じたイノベーション研究を推進。

上原 優（うえはら・ゆう）
アクセンチュア製造流通本部　マネジャー

東京大学文学部卒。大手消費財メーカー・小売チェーンを中心に、中長期戦略立案、全社事業構造改革、M&A、新規事業開発、営業改革、調達機能強化、デジタル・ソーシャルテクノロジー活用など幅広く支援。大学での招聘講義など社外での活動にも注力。

【著者紹介】
アクセンチュア 製造・流通本部 一般消費財業界グループ
アクセンチュア 製造・流通本部、戦略コンサルティング本部にて、消費財・サービス業界を中心とした企業へのコンサルティングを専門にするメンバー。デジタル化やグローバル化によって競争環境の劇的変化に直面する消費財・サービス企業のビジネス変革を支援するプロフェッショナル集団であり、中期経営計画策定、マーケティングや営業戦略の改革、全社構造改革／コスト削減、M&A、グローバルオペレーティングモデル構築、業務システム再構築など消費財・サービス企業の成長戦略を実現するための様々な国内外プロジェクトに携わっている。

【編著者紹介】
宮尾大志（みやお　だいし）
アクセンチュア製造流通本部　シニア・マネジャー。国際基督教大学教養学部卒。消費財業界を中心に、製造・流通業クライアントに対して、全社・事業戦略、M&A・提携戦略、全社構造改革、営業・マーケティング戦略の策定・実行支援、グローバルオペレーティングモデル構築、業務システム再構築等の多数のプロジェクトを担当。『Think!』（東洋経済新報社）、「日経 BP ITpro Marketing」等寄稿多数。グロービスマネジメントスクール講師。

外資系コンサルのリサーチ技法
事象を観察し本質を見抜くスキル

2015 年 10 月 15 日発行

著　者——アクセンチュア 製造・流通本部 一般消費財業界グループ
編著者——宮尾大志
発行者——山縣裕一郎
発行所——東洋経済新報社
　　　　　〒103-8345　東京都中央区日本橋本石町 1-2-1
　　　　　電話＝東洋経済コールセンター　03(5605)7021
　　　　　http://toyokeizai.net/

装丁・本文デザイン………dig
印刷・製本………………図書印刷
編集担当………………齋藤宏軌
Printed in Japan　　ISBN 978-4-492-55763-1

　本書のコピー、スキャン、デジタル化等の無断複製は、著作権法上での例外である私的利用を除き禁じられています。本書を代行業者等の第三者に依頼してコピー、スキャンやデジタル化することは、たとえ個人や家庭内での利用であっても一切認められておりません。
　落丁・乱丁本はお取替えいたします。